MDX Grundlagen

Einführung in multidimensionale Datenbanken

von Fabian Gaußling

© 2017 Fabian Gaußling. Alle Rechte vorbehalten

Das Werk einschließlich aller seiner Teile ist urheberrechtlich geschützt. Jede Verwertung – auch auszugsweise - ist nur mit Zustimmung des Verfassers erlaubt. Die Inhalte dieses eBooks wurden von dem Verfasser sorgfältig erarbeitet und geprüft. Der Verfasser übernimmt jedoch keine Gewähr für die Richtigkeit, Vollständigkeit und Aktualität der Inhalte. Jegliche Haftung ist somit ausgeschlossen.

Inhalt

Vorwort 4
1   Grundlagen & Theorie 5
    Business Intelligence 5
    Dimensionales Modell 6
    Umsetzung eines Dimensionalen Modells 7
    Was ist MDX? 8
    Unterschiede zwischen SQL & MDX 9
    MDX Begrifflichkeiten 9
2   Einfache MDX Abfragen 13
    Grundlegende MDX Struktur 13
    Daten auf die x- und y-Achse verteilen 13
    Daten filtern mit der WHERE Klausel (Slicer) 16
    Filter() und NonEmpty() 17
    Ergebnisse sortieren 19
    Top-/Bottom-N Abfragen 21
    Aufgaben 23
3   Calculated Member & Sets 24
    Calculated Member 24
    Calculated/Named Sets 29
    Aufgaben 32
4   Set Funktionen 33
    Ergänzungen zu Order(), TopCount(), BottomCount() 33
    Funktionen Head()/Tail()/SubSet() 34
    Sets kombinieren mit Union, Intersect & Except 34
    Sets erstellen mit Generate() und Extract() 37
    Aufgaben 40
5   Aggregatsfunktionen 41
    Grundlagen der Aggregation 41
    Elemente in einem Set zählen 42
    Aufgaben 44
6   Navigations- und Zeit- Funktionen 45
    Vertikale Navigation (direkte Vor- und Nachfahren) 45
    Vertikale Navigation (weiter entfernte Vor- und Nachfahren) 47
    Horizontale Navigation 50
    Zeit Funktionen 51

Aufgaben 53

Vorwort

MDX. Das steht für **M**ulti**d**imensional **E**xpressions und beschreibt eine Abfragesprache, die ähnlich zu SQL ist. SQL gibt es mittlerweile schon seit 40 Jahren, MDX hingegen erst seit 20. Die Konzepte hinter beiden Sprachen sind heute aktueller denn je. In den heutigen Zeiten fallen immer mehr Daten in allen möglichen Bereichen an. Somit ist es wichtig, mit diesen Datenmengen auch umgehen zu können. Dazu existieren SQL und MDX und sind auch nach wie vor notwendig. Das Konzept der relationalen Datenbank existiert nun schon seit mehreren Jahrzehnten und ist aus der heutigen IT Welt nicht mehr wegzudenken. Ebenso sind im Laufe der Zeit Anforderungen an spontane, flexible und schnelle Abfragen gestiegen. An dieser Stelle setzen die multidimensionalen Datenbanken an und mit Ihnen die MDX.

Nahezu jede Anwendung speichert Ihre Daten im Hintergrund in einer Datenbank. Neben Anwendungen fallen auch zunehmen Daten in allen möglichen Hardwarekomponenten (Sensoren, etc.) an. Aufgrund dieser Daten haben sich vollkommen neue Anwendungsfälle für Datenauswertungen ergeben, z.B. Qualitätskontrolle, Produktverbesserungen, etc. Aus diesem Grund werden Abfragesprachen wie die MDX zunehmend auch für Leute aus IT fernen Bereichen interessanter: Ingenieure, Mediziner, etc.

Dieses Buch soll die MDX auf eine praktische Art und Weise jedem nahebringen, der sich für dieses Thema interessiert. Dazu werden im ersten Kapitel zunächst ein paar theoretische Grundlagen gelegt und entsprechende Begriffe geklärt. Außerdem wird der Unterschied zwischen SQL und MDX erklärt. Kapitel 2 erklärt dann grundlegende Konzepte der MDX: Achsen, Dimensionen, Measures, etc. Außerdem wie man Daten auswählen kann und auch schon erste Möglichkeiten der Filterung und Berechnung. Das nächste Kapitel geht dann auf das Thema von Berechnungen detaillierter ein. In der MDX wird das über sog. Calculated Member realisiert. Weiterhin werden noch calculated Sets besprochen. Das vierte Kapitel behandelt dann verschiedene Funktionen, um Sets automatisch zu erstellen, z.B. generate(), extract(), order(), head(), etc. In Kapitel 5 werden dann Aggregatsfunktionen vorgestellt. Damit wird es möglich, z.B. Summen über vorher definierte Sets zu erstellen. Das nächste Kapitel behandelt dann noch Navigations- und Zeit-Funktionen, mit denen man dann in dimensionalen Strukturen auf einfache Art und Weise die für die Abfrage relevanten Mitglieder auswählen kann.

Als Schulungsdatenbank und Schulungsumgebung wird Microsofts SSAS (SQL Server Analytic Services) eingesetzt. Dort gibt es eine Beispieldatenbank, die Adventure Works heißt. Diese entsprechende Umgebung sollten Sie sich zunächst aufsetzen, um die Beispiele aus diesem Buch nachvollziehen zu können. Beschreibungen zur Installation von SSAS und Adventure Works existieren im Netz und in Kürze auch auf meiner Homepage: http://gaussling.com

Jetzt können Sie loslegen und direkt in die Welt der multidimensionalen Datenbanken und der MDX abtauchen. Ich wünsche Ihnen dabei viel Spaß und Erfolg!

Ihr Fabian Gaußling

1 Grundlagen & Theorie

Business Intelligence

Mit jedem Business Prozess finden heutzutage auch häufig Datentransaktionen statt (z.B. Verkäufe, Lagerbewegungen, etc.). Um das Business zu verstehen und um Rückschlüsse aus den Daten für die Zukunft zu treffen, werden heutzutage eigentlich von jedem Unternehmen Business Intelligence Systeme aufgebaut.

In der Regel sind dies heutzutage Datawarehouse Datenbanken mit entsprechenden Reporting Systemen als Frontend für die Benutzer. Diese Datawarehouse Datenbanken sind ein oder mehrere weitere Datenbank-Layer im Unternehmen. On Top auf diesen Datawarehouse Datenbanken sind häufig noch multidimensionale Datenbanken aufgesetzt, die vor allem für die schnelle und flexible Analyse konzipiert sind.

Im Rahmen dieser multidimensionalen Datenbanken wird fast immer mit MDX (=Multi-Dimensional Expressions) gearbeitet. Dabei gibt es diverse Anbieter, die entsprechende Datenbanken (man sagt auch Cubes) anbieten. Folgende Hersteller sind beispielhaft:

- IBM Cognos → Cognos Power Cubes
- Hyperion → Essbase
- Microsoft → SQL Server Analytical Services (SSAS)
- …

Die Architektur stellt sich heutzutage ungefähr folgendermaßen dar:

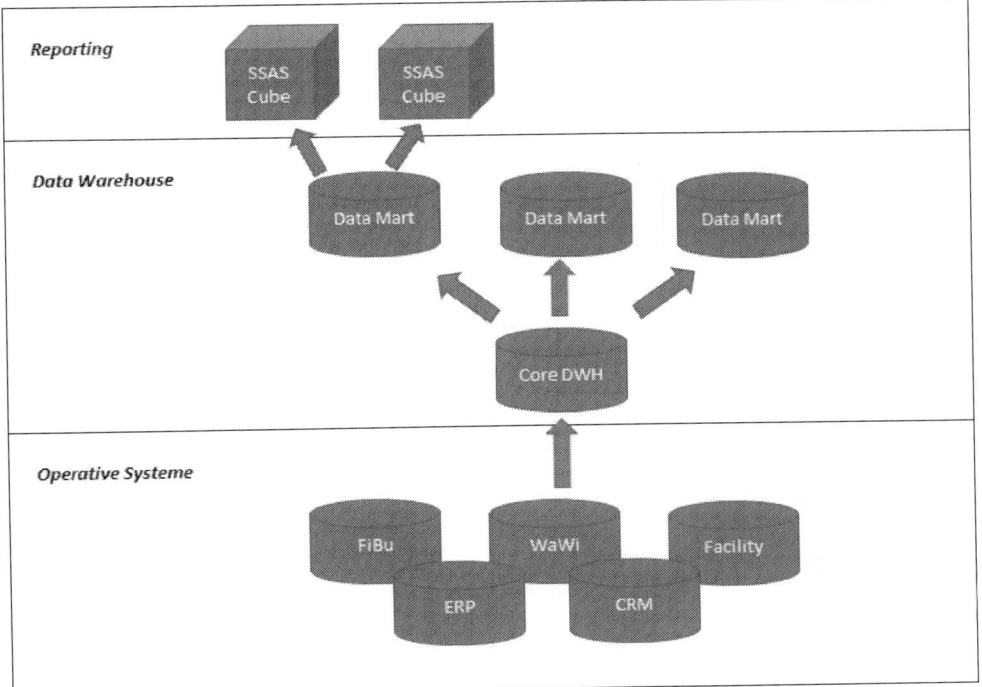

Die **operativen Systeme** dienen der Erfassung von Daten. Mit diesen Systemen arbeiten die Miterbeiter in der Regel, d.h. Sie geben dort Daten ein, ändern und löschen Daten ggf. auch wieder. Auch Kassensysteme zählen in der Regel dazu. Diese Systeme sind so ausgelegt, dass sog. **OLTP** Aktionen sehr performant ablaufen können. Das führt auf der anderen Seite aber dazu, das **OLAP** Operationen eher langsam sind.

Für Reporting und Analyse setzt man in der Regel dann ein sog. **Datawarehouse** ein. Dieses kann selbst wiederum aus mehreren Datenbankschichten bestehen. Häufig anzutreffen ist eine Aufteilung in ein sog. Core Datawarehouse und sog. Data Marts. Im **Core Datawarehouse** werden in der Regel die Rohdaten ohne irgendwelche Logiken gespeichert. Auch werden Redundanzen an dieser Stelle durch eine Modellierung in 3. Normalform noch größtenteils vermieden. Ziel ist es die Daten noch ohne eine bestimmte Zweckbindung zu speichern. Man trifft hier auch oft eine durchgängige Historisierung an, d.h. Änderungen an Stammdaten werden festgehalten. Dadurch hält man sich erst einmal alle Möglichkeiten offen.

Aus dem Core Datawarehouse werden dann häufig entweder ein großer Prozessübergreifender **Data Mart** oder mehrere kleinere Data Marts, die dann Prozessorientiert sind erstellt. Hier findet man dann die Daten in einer Form vor, die das Reporting einfach und performant gestalten soll. In der Regel werden die Daten hier als Stern Schema bzw. **dimensionales Modell** modelliert.

Manchmal findet man auch noch eine Abbildung des dimensionalen Modells in einer **multidimensionalen Datenbank** vor. Diese wird in der Regel auf einem oder mehreren Data Marts oben aufgesetzt und stellt eine Erweiterung für adhoc Analysen dar.

Dimensionales Modell

Für Reporting und Auswerte Systeme hat sich heutzutage ein sog. Dimensionales Modell durchgesetzt. Bei diesem Modell unterscheidet man zwischen sog. Dimensionen und Fakten. **Fakten** entstehen durch Business Prozesse und Ereignisse und stellen Kennzahlen dar. Das kann dann je nach fachlichem Thema z.B. Umsatz, verkaufte Stück, Durchlaufzeit, Anzahl Bestellungen, etc. sein. Dazu ein Beispiel aus der Schulungsdatenbank Adventure Works:

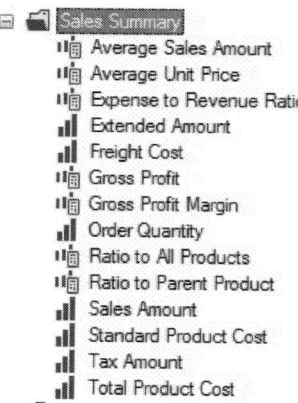

Diese Fakten für sich alleine genommen sind noch relativ langweilig. Im Prinzip könnte man sich so nur die entsprechenden Kennzahlen anzeigen lassen, allerdings ohne Kontext. Damit kann man dann noch keine Businessfragen beantworten. Deshalb gibt es neben den Fakten noch die sog. **Dimensionen**.

Diese stellen strukturgebende Informationen zur Verfügung, wodurch sich die Fakten dann in einen fachlichen Kontext bringen lassen. Die Dimensionen beinhalten alle beschreibenden Informationen. Mit Hilfe von Dimensionen kann man die Fakten filtern (*slice*) und gruppieren/zusammenfassen (*dice*).

Neben Slice & Dice sind noch Drillup- und Drilldown weit verbreitete Operationen, die dadurch ermöglicht werden, dass Dimensionen in der Regel nicht nur einfach irgendwelche Attribute darstellen, sondern dass diese Attribute teilweise in Beziehung zueinanderstehen und sich somit auch baummähnliche Strukturen (sog. *Hierarchien*) abbilden lassen. Entlang dieser Hierarchien können Kennzahlen oder Werte dann zusammengefasst werden (*Drillup*), d.h. man geht vom Detail ins Grobe oder umgekehrt vom Groben ins Detail (*Drilldown*).

Die Kombination aus Dimensionen und Fakten wird auch **Stern Schema** oder Star Schema genannt und so etwas kann dann folgendermaßen aussehen:

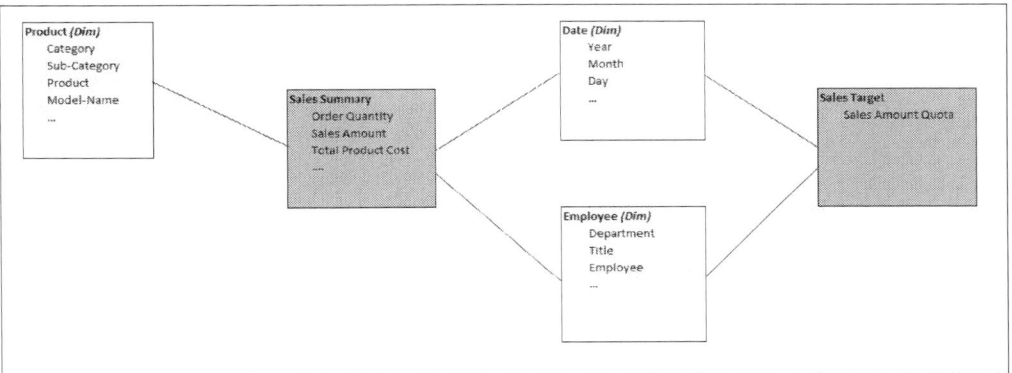

Es sind dort zwei Fakten Bereiche abgebildet: Sales Summary und Sales Target. Alle anderen Kästchen sind Dimensionen. Wenn man jetzt nur Sales Summary betrachtet mit den damit verbunden Dimensionen, stellt sich das Ganze als Stern dar: Die Fakten in der Mitte und die Dimensionen sternförmig drumherum angeordnet.

Manchmal möchte man auch faktenübergreifende Auswertungen erstellen. Das kann man mit sog. **Conformed Dimensions** machen. Das sind die Dimensionen die mit mehr als einem Faktenbereich verbunden sind. In unserem Fall sind das Date und Employee.

Das so beschriebene dimensionale Modell ist erstmal ein logisches Modell. In der Praxis kann dieses technisch auf unterschiedliche Art und Weise umgesetzt werden.

Umsetzung eines Dimensionalen Modells

Dimensionale Modelle können technisch unterschiedlich umgesetzt werden. Heutzutage gibt es im Prinzip zwei Ansätze:

- ➔ Relationale Datenbank (Oracle, SQL Server, etc.)
- ➔ Multidimensionale Cubes (SSAS, Hyperion, Cognos Powercube, etc.)

Beide Ansätze haben Ihre Stärken und Schwächen. Meistens werden tatsächlich auch beide Ansätze zusammen kombiniert, d.h. es gibt ein sog. Datawarehouse auf Basis einer relationalen Datenbank und zu bestimmten Aspekten gibt es noch entsprechende Analyse-Cubes, die aus der relationalen Datenbank heraus befüllt werden.

Im Falle einer relationalen Datenbank werden sowohl die Fakten als auch die Dimensionen als eigenständige Tabellen erstellt. In einer Abfrage können dann die benötigten Tabellen mittels Join miteinander verbunden werden.

Eine multidimensionale Datenbank ist technisch anders aufgebaut. Dort werden nicht nur die detaillierten Daten gespeichert, sondern auch schon Summierungen auf höheren Levocales in einer Dimension. Dadurch wird die hohe Abfrageperformance erreicht. Eine multidimensionale Datenbank kann man sich wie folgt vorstellen:

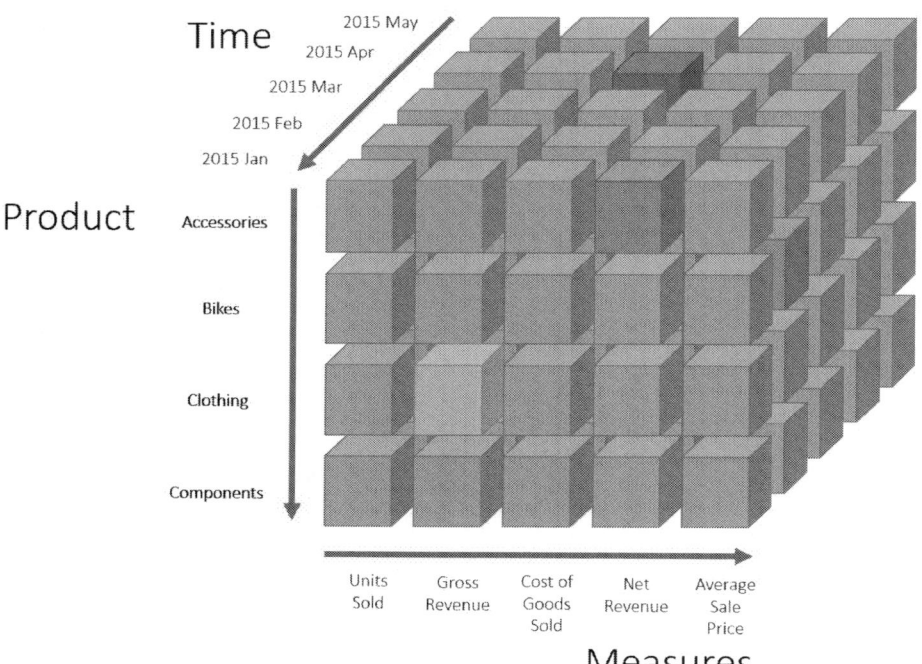

In der Praxis können Cubes natürlich deutlich mehr als drei Achsen haben. Drei ist nur in diesem Beispiel gewählt worden, weil man sich das als Mensch besser vorstellen und graphisch veranschaulichne kann.

Der Cube in der obigen Abbildung besteht aus Monaten, Produkt-Kategorien und Kennzahlen. Neben den Detaildaten werden aber eben auch die Daten auf höheren Leveln der Hierarchien (z.B. bei Zeit das Jahr) vorberechnet gespeichert. Dadurch ist die Performance in der Regel sehr hoch.

Was ist MDX?

MDX ist die Abkürzung für **M**ulti**d**imensional **E**xpressions und stellt eine Abfragesprache für multidimensionale Datenbanken (sog. Cubes) dar. Sie ist das multidimensionale Pendant zur SQL (=Structured Query Language), die der Standard im Bereich der relationalen Datenbanken darstellt.

Die MDX wird heutzutage im Prinzip von allen multidimensionalen Datenbanken unterstützt, so auch vom SQL Server Management Studio (SSMS) und SQL Server Analytical Services (SSAS). Die MDX besteht aus ein paar grundlegenden Befehlen und vielen Funktionen (ca. 80), die sich in verschiedene Kategorien einteilen lassen:

- → Set Funktionen (z.B. UNION, Generate, Intersect, ...)
- → Aggregats Funktionen (z.B. SUM, AVG, MIN, MAX, ...)
- → Navigations Funktionen (z.B. Parent, Children, Descendants, ...)
- → Zeit Funktionen (z.B. LastPeriod, OpeningPeriod, ...)
- → Mathematische Funktionen
- → Zeichenketten Funktionen
- → Etc.

Prinzipiell muss man mit der MDX die für seine Fragestellung relevanten Tupel definieren und zu Sets zusammenfassen. Mit diesen Tupeln und Sets kann man dann rechnen.

Unterschiede zwischen SQL & MDX

Auf den ersten Blick scheint es so, dass sich SQL und MDX sehr ähnlich sind. Das ist aber nur an der Oberfläche so. Um mit der MDX erfolgreich zu arbeiten, muss man sich klar machen, dass das Abfragekonzept dahinter ein anderes ist als bei der SQL. Bei der SQL wird versucht mit Hilfe von Bedingungen aus den verschiedenen Datensatzmengen in den Tabellen eine Ergebnismenge zu definieren.

Bei der MDX wird über sog. Tupel versucht, die relevanten Punkte in einem Cube zu definieren und anzuzeigen. Daneben können weitere Berechnungen auf Basis dieser Tupel und daraus erstellter Sets definiert werden.

MDX Begrifflichkeiten

Zentrale Begriffe im Umfeld von MDX sind zum einen die Dimensionen und zum anderen die Measures. **Dimensionen** beinhalten die strukturgebenden Informationen, wie Produkte, Datumsinformationen, Standorte, etc. **Measures** sind die eigentlichen Kennzahlen bzw. Fakten, d.h. die zentralen Kenngrößen, die man auswerten bzw. zählen möchte. Das können z.B. Umsatz, Gewinn, Stückkosten, etc. sein. Die Measures wiederum sind in einer Dimension zusammengefasst, die sog. **Measure Dimension**. Innerhalb der Measure-Dimension kann es sog. **Measure Groups** geben, in denen dann die Kennzahlen sind.

Es werden also Kennzahlen genommen und mit Hilfe der Dimensionen wird dann der Kontext für die jeweilige Kennzahl zur gerade akuellen Fragestellung definiert. Ohne Dimensionsinformationen erhält man sozusagen Gesamt-Werte, also z.B. den Gesamt-Umsatz über alle Jahre und Produkte. Wenn mich jetzt der Umsatz für ein bestimmtes Jahr interessiert, muss ich mir diese Information aus einer entsprechenden Zeit Dimension holen.

Eigenschaften von Objekten (Produkte, Produktgruppen, Länder, Städte, ...) können entweder als Attribut oder als Attributhierarchie modelliert werden. Ein **Attribut** hängt direkt an einem Objekt, d.h. es stellt eine Eigenschaft dieses Objekts dar. Wenn man bestimmte Attribute verwenden möchte, um darüber Aktionen wie Slice, Dice, Drillup oder Drilldown zu machen, modelliert man diese Attribute als sog. *Attributhierarchie*. Diese bestehen aus zwei Ebenen. Auf der Detailebene sind die verschiedenen Ausprägungen des Attributs vorhanden. Diese stellen sog. Member oder Mitglieder dar. Auf der ersten Ebene existiert weiter ein zusammenfassendes Element bzw. Member. Im Folgenden ist die Attributhierarchie Categories aus der Product Dimension abgebildet:

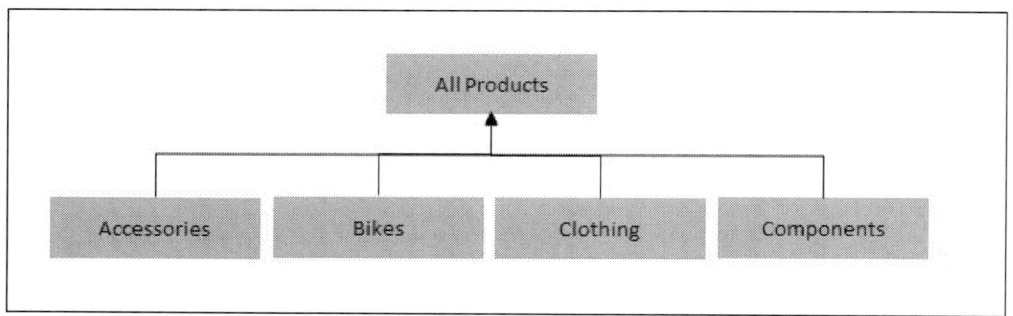

Um Drillup und Drilldown Operationen zu unterstützen, gibt es noch sog. *Benutzer Hierarchien*. Diese entstehen durch Zusammenfassen der Attributhierarchien. Benutzer Hierarchien stellen somit nur eine logische Sicht dar.

Inner halb der Benutzerhierarchien gibt es sog. *Ebene*n oder Level. Jede Ebene referenziert genau eine Attributhierarchie. Auf jeder Ebene gibt es dann die sog. *Member*. Ein Member ist ein Element einer Ebene.

Das Ganze kann man sich mal am Beispiel der Zeit-Dimension veranschaulichen:

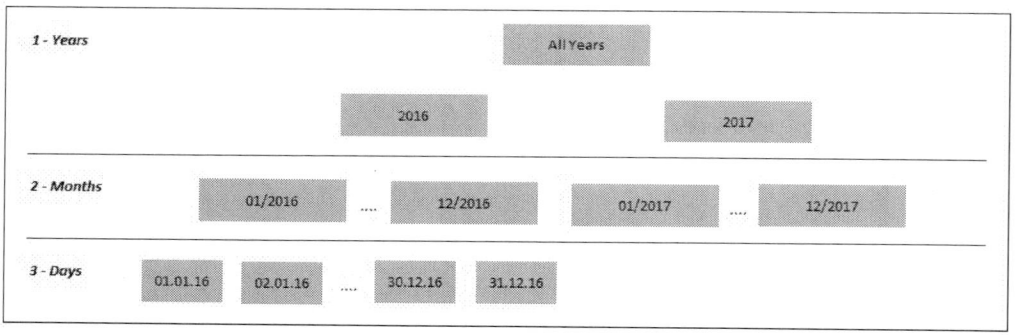

Im SSMS sieht eine Dimension folgendermaßen aus:

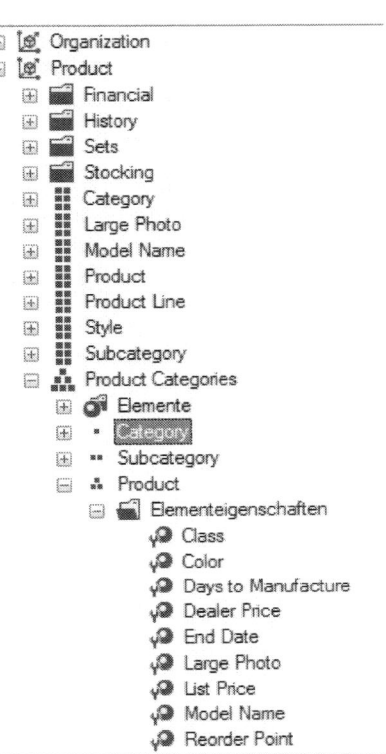

Man sieht dort alle Attributhierarchien, z.B. Category, Model Name, Product, Subcategory, ... Product Categories ist eine Benutzer Hierarchie und innerhalb finden sich dann die Ebenen: Category, Subcategory und Product. Diese drei Ebenen finden sich auch oben bei den Attributhierarchien wieder. In der Ebene Product finden sich dann noch Attribute (unter Elementeigenschaften), z.B. Color, List Price, etc.

Damit man mit Membern in der MDX Abfrage arbeiten kann, müssen diese referenziert werden. Das macht man mit folgender Syntax:

[<Dimension>].[<Hierarchie>].[<Ebene>].[<Member>]   *für Benutzer Hierarchien*

[<Dimension>].[<Hierarchie>].[<Member>]   *für Attribut Hierarchien*

Dazu ein paar Beispiele:

[Product].[Category].&[1]   → Category Bikes in Attributhierarchie Category

[Product].[Category].[All Products]   → All Products in Attributhierarchie Category

[Product].[Product Categories].[Category]   → Ebene Category in User Hierarchie Product Categories

[Product].[Product Categories].[Category].&[1]   → Category Bikes in UserHierarchie Product Categories

[Measures].[Internet Sales Amount]   → Kennzahl Internet Sales Amount aus der Measures Dimension

Innerhalb der MDX Abfragen existieren bis zu 128 **Achsen**. Auf diese Achsen können dann die Member aus den Attribut- bzw. User-Hierarchien verteilt werden.

Ein *Tupel* ist ein Schnittpunkt im Cube, d.h. ein Tupel enthält Member aus jeder im Cube vorhanden Hierarchien und zwar aus jeder Hierarchie genau ein Member. Es können auch Hierarchien weggelassen werden. Dann wird automatisch der Standard-Member verwendet. Man kann also z.B. folgende Tupel definieren:

- ([2012])
- ([2012], [Accessoirs])
- ([2013], [Accessoirs], [Germany]), ...

Tupel werden durch Klammern definiert. Innerhalb der Klammern befinden sich die verschiedenen Member, die durch Kommata getrennt werden. Ein Tupel kann aus nur einem Member bestehen bis hin zu einem Member aus jeder Dimension des Cubes.

Neben Tupeln gibt es noch das sog. *Set*. Ein Set ist eine Menge von Tupeln. Diese Tupel müssen allerdings von Ihrer Struktur gleich sein, d.h. die Anzahl, die Art von Membern und die Reihenfolge dieser Member muss identisch sein. Man kann also z.B. ein Set definieren aus zwei Tupeln, die jeweils aus einem bestimmten Jahr bestehen: { ([2012]), ([2013]) }

Ein Set wird durch geschweifte Klammern definiert. Innerhalb der Klammern können beliebig viele Tupel eingefügt werden. Diese werden ebenfalls durch Kommata getrennt. Die Klammern um die Tupel kann man weglassen, wenn das Tupel nur aus einem Member besteht. Tupel dürfen auch mehrfach in eine Set vorkommen.

Hier noch ein gültiges Beispiel für ein Set mit 4 Tupeln, die wiederum aus 2 Membern bestehen:

{ ([2012], [Bikes]), ([2013], [Clothing]), ([2013], [Clothing]), ([2014], [Components]) }

Hier ein Beispiel für ein **ungültiges** Set:

{ ([Bikes], [2012]), ([2013], [Clothing]) }

Dieses Set ist ungültig, da Produkt Kategorie und Jahr bei den beiden Tupeln vertauscht sind.

2 Einfache MDX Abfragen

In diesem Kapitel werden wir unsere ersten einfachen MDX Abfragen formulieren. Dabei werden die notwendigen Grundlagen demonstriert, d.h. wie man Member aus Dimensionen, Kennzahlen und Cubes in einer MDX Abfrage festlegt. Es geht weiter mit der Erstellung von Filter-Bedinungen mit Hilfe der WHERE Klausel. Außerdem werden erste einfache Funktionen wie z.B. filter(), NonEmpty(), TopCount(), TopSum(), etc. vorgestellt.

Grundlegende MDX Struktur

```
WITH
    MEMBER ....
    SET ...

SELECT
    { ...
    } ON COLUMNS ,
    { ...
    } ON ROWS
FROM
    ...
WHERE
    ...
```

Oben dargestellt ist die grundlegende MDX Struktur. Der grau hinterlegte Bereich ist obligatorisch, die weißen Bereiche sind optional. Mit Hilfe des **SELECT** werden die Member und Sets ausgewählt, die in der Anzeige erscheinen sollen. Über den Befehl **FROM** definiert man den Cube, auf den man zugreifen will. **WHERE** wird benötigt, um sog. Slicer (in SQL Filter) zu erstellen und mit Hilfe von **WITH** können sog. Calculated Member bzw. calculated Sets erstellt werden. Diese werden benötigt, wenn man selber Berechnungen in seine Abfrage einfügen möchte.

Daten auf die x- und y-Achse verteilen

MDX basiert auf multidimensionalen Cubes. Daher kann man in MDX Daten auf bis zu 128 Achsen verteilen. Die ersten 5 haben auch Namen: **COLUMNS, ROWS, PAGES, SECTIONS, CHAPTERS**. Die meisten Reporting Tools (z.B. SSMS) können aber nur zwei Achsen anzeigen (COLUMNS und ROWS).

Im Folgenden werden wir ein allererstes kleines Beispiel machen:

```
SELECT
    [Measures].[Internet Sales Amount] ON COLUMNS,
    [Sales Territory].[Sales Territory Country].[Sales Territory Country] ON 1
FROM
    [Adventure Works]
```

Das Ergebnis sieht folgendermaßen aus:

	Internet Sales Amount
Australia	$9,061,000.58
Canada	$1,977,844.86
France	$2,644,017.71
Germany	$2,894,312.34
NA	(NULL)
United Kingdom	$3,391,712.21
United States	$9,389,789.51

Wir sehen in dem Beispiel oben einmal die Schreibweise mit den Achsen-Aliasen und einmal mit den Achsen Nummern.

Die Elemente kann man sich im SSMS aus dem Cube Baum in die Abfrage ziehen oder direkt eintippen (zur Syntax siehe Kapitel 1).

Im Gegensatz zu SQL muss man bei MDX keine Aggregatsfunktionen verwenden. MDX summiert erstmal automatisch alle Kennzahlen auf zur Granularität der Abfrage. Man kann aber auch selber eigene Aggregation erstellen.

Als nächstes wollen wir zwei Kennzahlen und die Member von zwei Dimensionen in unserer Abfrage darstellen. Im SQL würde man die Kennzahlen und Spalten durch Kommata getrennt ins Select schreiben. In MDX muss man die Member und Measures als **Sets** (Mengen) auffassen und man muss dann diese Mengen miteinander kombinieren. Prinzipiell kann man sich auch direkt nur die Member rauspicken, die für einen Interessant sind und zwischen zwei geschweifte Klammern *{...}* setzen. Die Member müssen dann aus derselben Ebene kommen:

{ [Measures].[Internet Sales Amount], [Measures].[Internet Gross Profit] }

Das ist die Variante, die wir für die Kennzahlen wählen, da diese alle zur Measures Standarddimensionen gehören. In den Zeilen möchten wir alle Länder mit allen Produkt-Kategorien kombinieren. Das machen wir mit Hilfe des **Kreuzprodukts**. Dieses kombiniert alle Elemente einer Menge mit allen Elementen einer anderen Menge. Es kann definiert werden durch folgende Syntaxvarianten:

- Menge1*Menge2
- CrossJoin (Menge1, Menge2, …)

Hier jetzt das gesamte Beispiel:

```
SELECT
    { [Measures].[Internet Sales Amount],
      [Measures].[Internet Gross Profit]
    } ON COLUMNS,
```

```
    { [Sales Territory].[Sales Territory Country]. [Sales Territory Country]*
      [Product].[Product Categories].[Category]
    } ON 1
FROM
    [Adventure Works]
```

Und dazu das passende Ergebnis:

		Internet Sales Amount	Internet Gross Profit
Australia	Accessories	$138,690.63	$86,820.10
Australia	Bikes	$8,852,050.00	$3,572,267.29
Australia	Clothing	$70,259.95	$26,767.68
Australia	Components	(NULL)	(NULL)
Canada	Accessories	$103,377.85	$64,714.37
Canada	Bikes	$1,821,302.39	$741,451.22
Canada	Clothing	$53,164.62	$23,755.91
Canada	Components	(NULL)	(NULL)

Manchmal möchte man nur eine Liste der Länder anzeigen. Dazu müssen wir dann eine Achse (z.B. die Spalten leer lassen, d.h. es werden nur die Member in den Zeilen angezeigt ohne Kennzahl. Das kann man am einfachsten mit der **leeren Menge { }** erreichen.

Übung 1: Erstellen Sie eine MDX Abfrage, in der Sie die Kennzahl Reseller Sales Amount für jede Stadt anzeigen.

Übung 2: Zeigen Sie pro Stadt und Category den Sales Amount an.

In der genauen Definition eines Sets ist die Rede von strukturgleichen Tupeln. Im nächsten Beispiel möchten wir ein Set aus Tupeln erstellen, um z.B. für das Tupel (Jahr 2012, Category Bikes) und das Tupel (Jahr 2013, Category Clothing) jeweils den Internet Sales Amount anzuzeigen:

```
SELECT
    {
            [Measures].[Internet Sales Amount]
    } ON 0,
    {       ([Product].[Product Categories].[Category].&[1], [Date].[Calendar Year].&[2012]),
            ([Product].[Product Categories].[Category].&[3], [Date].[Calendar Year].&[2013]),
            ([Product].[Product Categories].[Category].&[3], [Date].[Calendar Year].&[2013])
    } ON 1
FROM
    [Adventure Works]
```

Die Tupel können wir entweder durch abtippen erstellen oder indem wir die jeweiligen Elemente aus dem Hierarchie-Baum in das Auswertungsfenster ziehen. Das Ergebnis sieht dann folgendermaßen aus:

		Internet Sales Amount
Bikes	CY 2012	$5,839,695.33
Clothing	CY 2013	$323,806.45
Clothing	CY 2013	$323,806.45

Da wir das Tupel (CY2013, Clothing) doppelt ins Set aufgenommen haben, wird es hier auch doppelt angezeigt. Wenn wir das verhindern möchten können wir mit der Funktion DISTINCT(...) arbeiten. Mehr dazu im entsprechenden Kapitel.

Übung 3: Stellen Sie den Reseller Sales Amount und Reseller Order Count für folgende Tupel dar: (Germany, 2012), (Australia, 2012), (Australia, 2013). Die Kennzahlen sollen in den Zeilen dargestellt werden.

Daten filtern mit der WHERE Klausel (Slicer)

Auch in MDX gibt es eine WHERE Klausel ähnlich wie im SQL. Im SQL definiert man Bedingungen, die erfüllt sein müssen, damit die Datensätze angezeigt werden. In MDX definiert man die Schnittpunkte im Cube, die man sehen möchte. Diese Schnittpunkte werden durch sog. Tupel definiert. Jedes Tupel definiert sich aus genau einem Member aus jeder Hierarchie). Je nachdem wie viele Hierarchien ich in meinem Tupel verwende, selektiere ich damit immer kleinere Teile des Cubes (Scheiben, Zeilen, Punkte). Wir können z.B. folgendes Tupel definieren:

([Mesures].[Internet Sales Amount], [Date].[Calendar Year].&[2012])

Ein Tupel wird definiert durch normale Klammern. Die Member des Tupels werden dann durch Kommata getrennt. Durch **.&** kann ich auf bestimmte Member einer Ebene zugreifen. Wenn man jetzt ein Tupel in der WHERE Klausel verwendet, spricht man auch vom Slicing bzw. von einem **Slicer**. Dadurch zeigen wir dann eben nicht mehr alle Jahre an, sondern nur noch bestimmte.

Dazu wieder ein kleines Beispiel:

```
SELECT
    { [Customer].[Customer Geography].[Country]
    } ON 0,
    { [Product].[Product Categories].[Category]
    } ON 1
FROM
    [Adventure Works]
WHERE
    ( [Measures].[Internet Sales Amount], [Date].[Calendar Year].&[2012] )
```

Das Ergebnis sieht wie folgt aus:

	Australia	Canada	France	Germany	United Kingdom	United States
Accessories	$573.99	$56.97	$442.12	$360.17	$278.47	$435.36
Bikes	$2,127,687.02	$307,497.56	$647,605.44	$608,121.86	$712,341.53	$1,436,441.91
Clothing	$146.45	$49.99	$17.98	$175.95	$80.96	$171.46
Components	(NULL)	(NULL)	(NULL)	(NULL)	(NULL)	(NULL)

Die Zahlen, die jetzt angezeigt werden, sind durch den Slicer definiert worden. Dort haben wir Internet Sales Amount angegeben und somit werden eben diese Zahlen angezeigt. Außerdem haben wir das Kalenderjahr 2012 im Slicer verwendet und deshalb werden die Zahlen von 2012 gezeigt.

Der Slicer wird nur verwendet, um den Daten Scope oder Kontext zu definieren. Aus diesem Kontext kann man dann selektieren, was auf Achsen angezeigt werden soll. Wenn man z.B. das Jahr und die Kennzahl auch in den Zeilen und Spalten anzeigen möchte, kann man den Slicer entfernen und den Member 2012 und Internet Sales Amount auf die beiden Achsen schieben:

```
SELECT
    { [Customer].[Customer Geography].[Country]*[Measures].[Internet Sales Amount]
    } ON 0,
    { [Product].[Product Categories].[Category]*[Date].[Calendar Year].&[2012]
    } ON 1
FROM
    [Adventure Works]
```

Das Ergebnis stellt sich jetzt folgendermaßen dar:

		Australia	Canada	France	Germany	United Kingdom	United States
		Internet Sales Amount	Internet Sales Amount	Internet Sales Amount	Internet Sales Amount	Internet Sales Amount	Internet Sales Amount
Accessories	CY 2012	$573.99	$56.97	$442.12	$360.17	$278.47	$435.36
Bikes	CY 2012	$2,127,687.02	$307,497.56	$647,605.44	$608,121.86	$712,341.53	$1,436,441.91
Clothing	CY 2012	$146.45	$49.99	$17.98	$175.95	$80.96	$171.46
Components	CY 2012	(NULL)	(NULL)	(NULL)	(NULL)	(NULL)	(NULL)

Übung 4: Erstellen Sie eine Auswertung, in der Sie den Sales Amount nach Category darstellen. Es sollen nur die Zahlen für die Jahre 2012 und 2013 angezeigt werden.

Übung 5: Entwickeln Sie eine Abfrage, in der Sie pro Land, den Reseller Sales Amount darstellen. Weiterhin soll es für die Jahre 2011-2013 jeweils eine eigene Spalte für den Reseller Sales Amount geben. Es sollen nur die Daten der Category Bikes und Accessories angezeigt werden.

Filter() und NonEmpty()

Mit Hilfe der Funktion *filter()* kann man ein Set auf bestimmte Bedingungen filtern. Die Syntax ist wie folgt:

Filter (<Set>, <Logische Bedingung>)

Die Funktion prüft für alle Mitglieder der Menge <Set>, ob die Bedingung <Logische Bedingung> erfüllt ist. Die Mitglieder, für die die Bedingung nicht erfüllt ist, fallen dann raus. Dazu ein kleines Beispiel. Wir möchten die Produkt-Kategorien anzeigen, für die der Internet Sales Amount > 500.000$ im Jahr 2012 ist:

```
SELECT
    { [Measures].[Internet Sales Amount]
    } ON 0,
    { filter( [Product].[Product Categories].[Category],
            [Measures].[Internet Sales Amount]>500000)
```

```
} ON 1
FROM
    [Adventure Works]
WHERE
    [Date].[Calendar Year].&[2013]
```

Das Ergebnis sieht dann wie folgt aus:

	Internet Sales Amount
Accessories	$668,241.53
Bikes	$15,359,502.36

Wenn man statt der filter(...) Anweisung nur die Produkt Kategorien anzeigen lassen würde, gäbe es noch zwei weitere Zeilen. Es können auch mehrere Bedingungen mit AND / OR kombiniert werden.

Übung 6: Erstellen Sie eine Auswertung der Länder (Zeilen) mit Ihrem Sales Amount und Internet Sales Amount (Spalten). Filtern Sie nur auf diejenigen Länder, die einen Sales Amount>5.000.000 und einen Internet Sales Amount>2.000.000 haben.

Eine weitere nützliche Funktion ist **NonEmpty()**. Dieser Funktion werden zwei Mengen übergeben. Es wird intern das Kreuzprodukt erzeugt, aber nur die Werte zurückgeliefert, die nicht NULL sind. Das kann man jetzt nutzen, um z.B. nur die Produkte Kategorien mit Ihrem Sales Amount anzuzeigen, die auch einen Internet Sales Amount haben:

```
SELECT
    {    [Measures].[Sales Amount],
         [Measures].[Internet Sales Amount]
    } ON 0,
    {    NonEmpty([Product].[Category].[Category],
                  [Measures].[Internet Sales Amount])
    } ON 1
FROM
    [Adventure Works]
```

Im folgenden habe ich die Ergebnisse einmal mit der NonEmpty Funktion dargestellt und einmal, wenn man nur die Produkt Kategorien anzeigt:

Ohne NonEmpty()

	Sales Amount	Internet Sales Amount
Accessories	$1,272,057.89	$700,759.96
Bikes	$94,620,526.21	$28,318,144.65
Clothing	$2,117,613.45	$339,772.61
Components	$11,799,076.66	(NULL)

Mit NonEmpty()

	Sales Amount	Internet Sales Amount
Accessories	$1,272,057.89	$700,759.96
Bikes	$94,620,526.21	$28,318,144.65
Clothing	$2,117,613.45	$339,772.61

Wie man sieht entfällt die Zeile Components, da dort der Internet Sales Amount NULL ist. Neben der Funktion NonEmpty() gibt es noch das Schlüsselwort **NON EMPTY**. Dieses führt dazu, dass Zeilen oder Spalten, die nur leere Werte haben komplett wegfallen. Dazu ein weiteres Beispiel:

```
SELECT
  NON EMPTY
  { [Date].[Calendar Year].[Calendar Year].&[2009],
    [Date].[Calendar Year].[Calendar Year].&[2010]
  } ON 0,

  NON EMPTY {[Product].[Category].[Category]
  } ON 1
FROM
  [Adventure Works]
WHERE [Measures].[Internet Sales Amount]
```

In diesem Beispiel wurde das NON EMPTY Schlüsselwort sowohl für die Zeilen als auch die Spalten mit angegeben. In folgender Tabelle sind die beiden Varianten einmal mit NON EMPTY Schlüsselwörtern und einmal ohne dargestellt:

Ohne NON EMPTY			NON EMPTY in Spalten		NON EMPTY in Zeilen & Spalten	
	CY 2009	CY 2010		CY 2010		CY 2010
Accessories	(NULL)	(NULL)	Accessories	(NULL)	Bikes	$43.421,04
Bikes	(NULL)	$43.421,04	Bikes	$43.421,04		
Clothing	(NULL)	(NULL)	Clothing	(NULL)		
Components	(NULL)	(NULL)	Components	(NULL)		

Die verschiedenen Ergebnisse erhält man, wenn obiges MDX Skript nimmt und das NON EMPTY in den Zeilen und/oder Spalten entfernt. Das NON EMPTY Schlüsselwort kann somit für einfache not null Überprüfungen verwendet werden. Für komplexere not null Abfragen sollte man dann die NonEmpty() Funktion verwenden. Die NonEmpty() Funktion sollte nicht mit Funktionen, die im Block Modus arbeiten (z.B. Aggregatsfunktionen wie SUM()) verwendet werden, da dadurch die Performance dieser Funktionen eingeschränkt wird.

Übung 7: Zeigen Sie den Reseller Sales Amount pro Land und Calender Year an. Blenden Sie leere Zeilen und Spalten aus.

Ergebnisse sortieren

Sortieren gehört zu den grundlegendsten Dingen bei der Erstellung von Auswertung. In MDX gibt es dafür die Funktion **Order()**:

    Order(<Set>, <numerischer Ausdruck> | <textueller Ausdruck>, ASC | DESC)

Es wird <Set> sortiert und zwar nach <numerischen Ausdruck> oder <textueller Ausdruck>, je nachdem was angegeben wurde. Die Sortierrichtung kann mittels ASC=aufsteigend oder DESC=absteigend definiert werden. Dazu ein paar Beispiele. Zunächst wollen wir eine Auswertung des Internet Sales Amount nach Produkt Kategorien erstellen. Wir sortieren die Liste nach Produkt Kategorie:

```
SELECT
    {    [Measures].[Internet Sales Amount]
    } ON 0,
    {    ORDER([Product].[Category].[Category], [Product].[Category].MEMBERVALUES )
    } ON 1
FROM
    [Adventure Works]
```

Das Ergebnis dazu sieht wie folgt aus:

	Internet Sales Amount
Accessories	$700,759.96
Bikes	$28,318,144.65
Clothing	$339,772.61
Components	(NULL)

Wenn man die Sortierrichtung weglässt, wird standardmäßig aufsteigend sortiert. Da wir einen textuellen Ausdruck angeben müssen, können wir nicht einfach eine Ebene oder Hierarchie übergeben. Wir verwenden **MEMBERVALUE**, um aus der Ebene, die einzelnen Namen der Mitglieder zurückzugeben.

Als nächstes wollen wir die Liste anhand des Internet Sales Amounts absteigend sortieren. Das MDX dazu sieht so aus:

```
SELECT
    {    [Measures].[Internet Sales Amount]
    } ON 0,
    {    ORDER([Product].[Category].[Category], [Measures].[Internet Sales Amount], DESC)
    } ON 1
FROM
    [Adventure Works]
```

Das Ergebnis dazu sieht dann folgendermaßen aus:

	Internet Sales Amount
Bikes	$28,318,144.65
Accessories	$700,759.96
Clothing	$339,772.61
Components	(NULL)

Für unser letztes Sortierbeispiel erweitern wir die Liste um die Kalenderjahre in den Spalten, d.h. es wird der Internet Sales Amount für jedes Jahr angezeigt. Wenn wir nun z.B. nach dem Internet Sales Amount des Jahres 2014 sortieren wollen, so können wir auch das entsprechende Tupel als Sortierkriterium angeben:

```
SELECT
  NON EMPTY
    {    [Date].[Calendar Year].[Calendar Year]*[Measures].[Internet Sales Amount]
    } ON 0,
    {    ORDER( [Product].[Category].[Category],
            ([Measures].[Internet Sales Amount],[Date].[Calendar Year].[Calendar Year].&[2014]),
```

```
        DESC)
} ON 1
FROM
    [Adventure Works]
```

Diese Abfrage gibt folgendes Ergebnis zurück:

	CY 2010	CY 2011	CY 2012	CY 2013	CY 2014
	Internet Sales Amount	Internet Sales Amount	Internet Sales Amount	Internet Sales Amount	Internet Sales Amount
Accessories	(NULL)	(NULL)	$2,147.08	$668,241.53	$30,371.35
Clothing	(NULL)	(NULL)	$642.79	$323,806.45	$15,323.37
Bikes	$43,421.04	$7,075,525.93	$5,839,695.33	$15,359,502.36	(NULL)
Components	(NULL)	(NULL)	(NULL)	(NULL)	(NULL)

Die gesamte Liste ist nun nach der 2014er Spalte sortiert. Durch das NON EMPTY Schlüsselwort in den Spalten wurden die Jahre vor 2010 entfernt, da diese keine Werte haben.

Übung 8: Erstellen Sie eine Liste mit dem Internet Sales Amount in den Spalten. In den Zeilen sollen Calender Years angezeigt werden. Sortieren Sie absteigend nach dem Internet Sales Amount. Blenden Sie alle komplett leeren Zeilen aus.

Top-/Bottom-N Abfragen

Eng mit dem Sortieren verbunden ist das Erstellen von Top-N Abfragen. MDX biete dazu verschiedene Funktionen an:

- TopCount() + TopBottom()
- TopSum() + BottomSum()
- TopPercent() + BottomPercent()

Diese Funktionen arbeiten alle nach dem gleichen Prinzip. Wir werden das Ganze einmal am Beispiel der TopCount() Funktion ausprobieren:

TopCount(<Set>, <n>, <Kennzahl>)

Es werden die höchsten/größten <n> Elemente aus <Set> zurückgeliefert bezogen auf <Kennzahl>.

Dazu ein Beispiel. Wir erstellen eine Liste der Product Sub Categories mit den 5 höchsten Verkaufsumsätzen (Sales Amount) in 2014:

```
SELECT
    {  [Measures].[Sales Amount]
} ON 0,
    {  TopCount( [Product].[Subcategory].[Subcategory], 5, [Measures].[Sales Amount])
} ON 1
FROM
    [Adventure Works]
WHERE [Date].[Calendar Year].[Calendar Year].&[2014]
```

Das Ergebnis sieht folgendermaßen aus:

	Internet Sales Amount
Tires and Tubes	$12,675.06
Helmets	$8,397.60
Jerseys	$6,960.65
Shorts	$3,919.44
Bike Racks	$2,400.00

Analog dazu verhalten sich die anderen Funktionen. Die Bottom-Funktionen stellen die schlechtesten/niedrigsten Elemente dar. Mit TopPercent können die oberen x % angezeigt werden, mit TopSum die obere Summe bis zum Betrag von n.

Übung 9: Erstellen Sie eine Liste der 5 besten Jahre bezogen auf den Sales Amount. Zeigen Sie auch den Sales Amount an.

Übung 10: Erstellen Sie eine Liste der Produkte, mit denen wir in 2013 zusammen mindestens 25% unseres Sales Amount gemacht haben

Übung 11: Erstellen Sie eine Liste der 5 schlechtesten Produkte anhand des Internet Sales Amount in 2012. Produkte ganz ohne Internet Sales Amount sollen nicht in die Berechnung mit einfließen.

Aufgaben

1) Zeigen Sie in einer Liste die Top 10 Produkte anhand der Summe des Internet Sales Amount für die Jahre 2012 und 2013.

2) Erstellen Sie eine Auswertung, in der Sie pro Produkt den Sales Amount für die Jahre 2011 – 2013 darstellen. Es sollen nur Produkte aus den Kategorien Accessories angezeigt werden. Sortieren Sie die Liste aufsteigend nach dem Produktnamen.

3) Zeigen Sie die Top 10 Länder anhand des Reseller Amounts für 2011 absteigend sortiert an. Der Reseller Amount soll sowohl für die Jahre 2010 und 2011 angezeigt werden. Länder, die in beiden Jahren keinen Reseller Amount haben, sollen nicht angezeigt werden.

4) Es wird eine Auswertung benötigt, in der alle Mitarbeiter mit einem Reseller Sales Amount >= 2.000.000 im Jahr 2013 aufgelistet werden. Die Liste soll absteigend sortiert sein.

5) Es soll ein Bericht erstellt werden, in dem pro Land (in den Zeilen) der Sales Amount und Internet Sales Amount für die Kategorien Accessories und Clothing angezeigt werden. Dabei sollen die Spalten, die komplett keine Werte enthalten ausgeblendet werden. Weiterhin sollen nur die Länder angezeigt werden, in denen der Sales Amount von Accessories größer ist als der Sales Amount von Clothing oder der Internet Sales Amount von Accessories doppelt so groß wie der Internet Sales Amount von Clothing ist.

3 Calculated Member & Sets

In diesem Kapitel dreht sich alles um Berechnungen. Für diese muss man sog. Calculated Member erstellen. Diese calculated Member kann man dann in der eigentlichen MDX Abfrage verwenden. Daneben kann man auch sog. Calculated Sets erstellen. Das sind Mengen, die man entweder von Hand oder mit der Hilfe diverser Funktionen erstellt hat, und die vorab definiert werden. Diese kann man dann an mehreren Stellen in der Abfrage oder ebene auch in berechneten Membern verwenden.

Calculated Member

Ein Calculated Member ist eine Berechnung, die man vorab definiert hat. In MDX kann man Berechnungen nur in dieser Form definieren. Es wird dazu der WITH Abschnitt benötigt (siehe MDX Struktur) und innerhalb des WITH Abschnitts gibt es dann pro berechneter Kennzahl eine separate Zeile der folgenden Form:

MEMBER [Measures].[*<Name der Kennzahl>*] AS *<Definition>*

Dazu am besten ein ganz einfaches Beispiel:

```
WITH
    MEMBER [Measures].[Test] AS [Measures].[Internet Sales Amount]/2
SELECT
    { [Measures].[Internet Sales Amount],
      [Measures].[Test]
    } ON COLUMNS,
    { [Product].[Product Categories].[Category]
    } ON ROWS
FROM
    [Adventure Works]
```

Das Ergebnis dazu sieht wie folgt aus:

	Internet Sales Amount	Test
Accessories	$700,759.96	$350,379.98
Bikes	$28,318,144.65	$14,159,072.33
Clothing	$339,772.61	$169,886.31
Components	(NULL)	(NULL)

Dieses einfache Beispiel zeigt, wie man prinzipiell ein berechnetes Mitglied erstellt. In diesem Beispiel wurde dieses Mitglied in der Measures Dimension erstellt und es entsteht aus einer einfachen Berechnung, nämlich indem man den Internet Sales Amount durch zwei teilt. Man kann die üblichen Operatoren verwenden, die einem sonst auch schon bekannt sind:

Für Berechnungen stehen folgende Operatoren zur Verfügung

Operator (en)	Beschreibung
Zahlen: +, -, *, /, ^	Die üblichen Grundrechenarten stehen zur Verfügung

AND, OR, XOR, NOT	Die üblichen logischen Verknüpfungsoperatoren stehen auch zur Verfügung.
>, <, >=, <=, =, <>	Die üblichen Vergleichsoperatoren stehen auch zur Verfügung.
Sets: *, +, -, :	Kreuzprodukt, Union, Except und Range zwischen Sets stehen zur Verfügung.

Neben den oben angegebenen Operatoren stehen auch einige Funktionen als VBA Erweiterung zur Verfügung. Dazu gehören z.B.:

Funktionssyntax	Beschreibung
Now ()	Liefert aktuelles Datum + Uhrzeit zurück.
IIF (<IF>, <THEN>, <ELSE>)	Die Umsetzung eines If then else Konstrukts. <IF> beinhaltet eine logische Bedingung. Wenn diese erfüllt ist, wird <THEN> zurückgegeben, sonst <ELSE>.
DateDiff (<Format>, <Datum1>, <Datum2>)	Berechnet die Differenz zwischen <Datum1> und <Datum2>. Auf welcher Ebene man das berechnen möchte, also z.B. Jahre oder Tage, definiert man durch <Format>. YYYY = Jahre, DD=Tage
Left/Right (<Text>, <Zeichen>)	Schneidet aus <Text> eine Zeichenkette der Länge <Zeichen> aus. Left schneidet von links, Right von rechts aus.
Round (<Zahl>, <Stellen>)	Rundet <Zahl> auf Anzahl <Stellen>.

Daneben existieren noch viele weitere VBA Funktionen in SSAS. Nähere Infos finden sich in der Online Hilfe dazu.

Nun machen wir ein etwas komplexeres Beispiel:

```
WITH
   MEMBER [Product].[Product Categories].[All Products].[Bikes & Clothing] AS
          [Product].[Product Categories].[Category].&[1]+
          [Product].[Product Categories].[Category].&[3]
SELECT
       {
             [Measures].[Internet Sales Amount]
       } ON 0,
       {     [Product].[Product Categories].[Category],
             [Product].[Product Categories].[All Products].[Bikes & Clothing]
       } ON 1
FROM
   [Adventure Works]
```

Dazu das Ergebnis:

	Internet Sales Amount
Accessories	$700.759.96
Bikes	$28,318,144.65
Clothing	$339,772.61
Components	(NULL)
Bikes & Clothi...	$28,657,917.26

Wir haben mit diesem MDX ein Member in den Zeilen erzeugt, nämlich das Element [Bikes & Clothing]. Dazu haben wir mit [Product].[Product Categories].[All Products].[Bikes & Clothing] den neuen Member in der Product Categories Hierarchie platziert und können es somit in die Menge der Rows einfügen. Da es derselben Hierarchie wie die übrigen Elemente entstammt, benötigen wir kein Kreuzprodukt.

Übung 1: Zeigen Sie in einer Liste den Sales Amount, den Internet Sales Amount und den Anteil des Internet Sales Amount am Sales Amount pro Category an. Berechnen Sie außerdem in einer zusätzlichen Zeile die Summe aus den Kategorien Accessories und Clothing.

Übung 2: Zeigen Sie in einer Liste in den Spalten den Sales Amount aufgeteilt nach den Jahren 2012 und 2013. In den Zeilen sollen die Subcategories angezeigt werden. Zeigen Sie in einer dritten Spalte an, ob der Sales Amount 2012 größer, kleiner oder gleich dem Sales Amount 2013 ist.

Man kann auch mit Tupeln arbeiten und ganz gezielt auf bestimmte Schnittpunkte zugreifen, um für eine Berechnung z.B. einen bestimmten Punkt im Cube zu adressieren. Auch dazu ein Beispiel:

```
WITH
    MEMBER [Measures].[Diff. 2013 - 2012] AS
            ([Date].[Calendar Year].&[2013], [Internet Sales Amount] )
           -([Date].[Calendar Year].&[2012], [Internet Sales Amount])
SELECT
    {
            ([Date].[Calendar Year].&[2012], [Measures].[Internet Sales Amount]),
            ([Date].[Calendar Year].&[2013], [Measures].[Internet Sales Amount]),
            ([Date].[Calendar Year].&[2012], [Measures].[Diff. 2013 - 2012])
    } ON 0,
    {       [Product].[Product Categories].[Category]
    } ON 1
FROM
    [Adventure Works]
```

Das Ergebnis dazu sieht dann folgendermaßen aus:

	CY 2012	CY 2013	CY 2012
	Internet Sales Amount	Internet Sales Amount	Diff. 2013 - 2012
Accessories	$2,147.08	$668,241.53	$666,094.45
Bikes	$5,839,695.33	$15,359,502.36	$9,519,807.03
Clothing	$642.79	$323,806.45	$323,163.66
Components	(NULL)	(NULL)	(NULL)

Wir haben nun schon diverse Möglichkeiten kennen gelernt, wie man Member erstellen und verwenden kann. Man kann auch dynamische Member erzeugen, d.h. Member, die für jede Zeile anders berechnet werden. Dafür gibt es verschiedene nützliche Funktionen, von denen wir im folgenden zwei näher betrachten wollen.

Übung 3: Zeigen Sie den Sales Amount pro Kategorie für die Jahre 2010-2012 an. Berechnen Sie zusätzlich die Differenzen zwischen 2010/2011 und 2011/2012. Außerdem wird noch eine Berechnung mit der Summe aller drei Jahre benötigt.

Mit Hilfe der Funktion *parent()* erhält man den Member, der der Vater eines bestimmten Member ist. Dazu folgendes kleines Beispiel:

```
SELECT
    { [Measures].[Sales Amount]
    } ON 0,
    { [Product].[Product Categories].[Product].&[364],
      [Product].[Product Categories].[Product].&[364].parent
    } ON 1
FROM
    [Adventure Works]
```

Das Ergebnis dazu sieht so aus:

	Sales Amount
Mountain-300 Black, 38	$442,477.09
Mountain Bikes	$36,445,443.94

Dieses kleine Beispiel zeigt, wie man mit der parent() Funktion arbeitet. Man kann Sie für einzelne Member aufrufen. Dadurch wird dann für diesen Member der Vater-Member angezeigt. Im obigen Beispiel wird zu einem bestimmten Mountain Bike dann die Produktlinie Mountain Bikes angezeigt.

Zusammen mit Member Funktionen wie parent() wird häufig noch die Funktion *currentmember()* verwendet. Diese gibt den aktuellen Member zurück einer Hierarchie zurück. Dadurch bekommt man eine Dynamik rein und kann z.B. eine Liste mit allen Produkten und der zugehörigen Produktlinie anzeigen:

```
WITH
    MEMBER [Measures].[Gesamt] AS
        ([Date].[Calendar].currentmember.parent.parent.parent,
        [Measures].[Internet Sales Amount])

    MEMBER [Measures].[Anteil] AS
```

```
                    [Measures].[Internet Sales Amount]/[Measures].[Gesamt],
                    FORMAT_STRING="PERCENT"
SELECT
  { [Measures].[Internet Sales Amount],
    [Measures].[Gesamt],
    [Measures].[Anteil]
  } ON COLUMNS,
  { [Date].[Calendar].[Month]
  } ON ROWS
FROM
  [Adventure Works]
WHERE [Date].[Calendar Year].&[2012]
```

Das Ergebnis sieht folgendermaßen aus:

	Internet Sales Amount	Gesamt	Anteil
January 2012	$495,364.13	5842485.1952	8.48%
February 2012	$506,994.19	5842485.1952	8.68%
March 2012	$373,483.01	5842485.1952	6.39%
April 2012	$400,335.61	5842485.1952	6.85%
May 2012	$358,877.89	5842485.1952	6.14%
June 2012	$555,160.14	5842485.1952	9.50%
July 2012	$444,558.23	5842485.1952	7.61%
August 2012	$523,917.38	5842485.1952	8.97%
September 2012	$486,177.45	5842485.1952	8.32%
October 2012	$535,159.48	5842485.1952	9.16%
November 2012	$537,955.52	5842485.1952	9.21%
December 2012	$624,502.17	5842485.1952	10.69%

Das war ein Beispiel, in dem sowohl die Funktion currentmember verwendet wurde, um auf den aktuellen Monat zuzugreifen. Mittels 3x parent() wurde dann auf das zugehörige Jahr zugegriffen. Ein weiteres neues Feature ist die Verwendung von **FORMAT_STRING**="PERCENT". Damit können Berechnung in das Prozent-Format übertragen werden. Andere verfügbare Formate sind:

- PERCENT
- CURRENCY
- STANDARD
- ON/OFF
- Etc.

Im Internet findet man entsprechende Übersichten zum Formatieren der Ausgabe mit Hilfe von FORMAT_STRING. Die hier angegebenen Formate sind vordefinierte Standardformate. Man kann aber auch detaillierte Formatierungsstrings angeben, um z.B. Datumsfelder zu formatieren. Das verhält sich ähnlich wie in Excel. Details findet man unter: https://msdn.microsoft.com/de-de/library/ms146084.aspx

Übung 4: Erstellen Sie eine Liste mit den Customer und dem Internet Sales Amount pro Customer. Berechnen Sie zudem den Internet Sales Amount der zugehörigen Stadt (zwei Ebene oberhalb von Customer). Berechnen Sie den Anteil eines Customers an der City und formatieren sie auf Prozent-Werte.

Um die Reihenfolge der Berechnungen festzulegen, kann noch die Erweiterung **SOLVE_ORDER** verwendet werden. Dort kann eine Zahl zwischen 1 und 65000 angegeben werden. Die niedrigen Zahlen werden vor den höheren ausgeführt.

```
WITH
    MEMBER [Measures].[Sales + Internet Sales] AS
        [Measures].[Sales Amount]+[Measures].[Internet Sales Amount],
        SOLVE_ORDER=1
    MEMBER [Product].[Category].[All Products].[Bikes %] AS
        [Product].[Category].&[1]/[Product].[Category].[All Products],
        FORMAT_STRING="PERCENT",
        SOLVE_ORDER=2
SELECT
    {   [Measures].[Sales Amount],
        [Measures].[Internet Sales Amount],
        [Measures].[Sales + Internet Sales]
    } ON 0,
    {       [Product].[Category].[All Products],
            [Product].[Category].[Category],
            [Product].[Category].[All Products].[Bikes %]
    } ON 1
FROM
    [Adventure Works]
```

Das Ergebnis sieht folgendermaßen aus:

	Sales Amount	Internet Sales Amount	Sales + Internet Sales
All Products	$109,809,274.20	$29,358,677.22	$139,167,951.42
Accessories	$1,272,057.89	$700,759.96	$1,972,817.85
Bikes	$94,620,526.21	$28,318,144.65	$122,938,670.86
Clothing	$2,117,613.45	$339,772.61	$2,457,386.06
Components	$11,799,076.66	(NULL)	$11,799,076.66
Bikes %	86.17%	96.46%	88.34%

In diesem Beispiel haben wir eine berechnete Spalte und eine berechnete Zeile. Durch die SOLVE_ORDER Information an beiden Membern geben wir an, in welcher Reihenfolge die ausgeführt werden, d.h. in unserem Fall, soll erst die kombinierte Spalte berechnet werden und danach wird die Zeile Bikes % hinzugefügt. Wenn man SOLVE_ORDER weglassen würde, stünde die Summe der beiden Prozentzahlen in der kombinierten Spalte, was falsch ist.

Calculated/Named Sets

Neben calculated Membern können auch calculated oder named Sets definiert werden. Diese Sets können dann an verschiedenen Stellen (z.B. in calculated membern) verwendet werden. Definiert werden diese auch im WITH Block mit folgender Syntax:

SET [<Set Name>] AS <Set Definition>

Sets können entweder manuell erstellt werden oder, wie wir später noch sehen werden, mit Hilfe von diversen Funktionen automatisch und dynamisch generiert werden. Zunächst aber ein einfaches Beispiel für ein named Set:

```
WITH
    SET [Test] AS { ([Product].[Category].&[1], [Date].[Calendar Year].&[2012]),
                    ([Product].[Category].&[4], [Date].[Calendar Year].&[2014]) }

SELECT
    { [Measures].[Sales Amount]
    } ON 0,
    { [Test]
    } ON 1
FROM
    [Adventure Works]
```

Das Ergebnis dazu sieht so aus:

		Sales Amount
Bikes	CY 2012	$28,378,924.02
Accessories	CY 2014	$30,371.35

Man kann dann die Sets auch in calculated Membern verwenden:

```
WITH
    SET [Test] AS { ([Product].[Category].&[1], [Date].[Calendar Year].&[2012]),
                    ([Product].[Category].&[4], [Date].[Calendar Year].&[2014]) }
    MEMBER [Measures].[Test Gesamt] AS SUM([Test], [Measures].[Sales Amount])
    MEMBER [Measures].[Test Anteil] AS
        [Measures].[Sales Amount]/[Measures].[Test Gesamt],
        FORMAT_STRING="PERCENT"
SELECT
    {   [Measures].[Sales Amount],
        [Measures].[Test Gesamt],
        [Measures].[Test Anteil]
    } ON 0,
    {
        [Test]
    } ON 1
FROM
    [Adventure Works]
```

Das Ergebnis dazu sieht wie folgt aus:

		Sales Amount	Test Gesamt	Test Anteil
Bikes	CY 2012	$28,378,924.02	$28,409,295.37	99.89%
Accessories	CY 2014	$30,371.35	$28,409,295.37	0.11%

Mit Hilfe der Aggregatsfunktion **SUM()** kann man Summen berechnen. Die Syntax ist folgende:

SUM(<Set>, [<Numerischer Wert>])

Der numerische Wert wird für <Set> aufaddiert und ist optional. Wenn er nicht angegeben wird, wird der defaultmember der Measures Dimension verwendet. Weiter Informationen zu Aggregatsfunktionen und deren Verwendung findet man im entsprechenden Kapitel.

Übung 5: Erstellen Sie eine Liste mit den Monaten Feb – Apr 2014 und dem jeweiligen Sales Amount. Zeigen Sie in einer weiteren Spalte den Anteil jedes einzelnen Monats am gesamten Sales Amount der drei Monate an. In einer weiteren Zeile soll noch der Gesamtwert des Sales Amount aller drei Monate angezeigt werden.

Mit Hilfe des Schlüsselwortes **DISTINCT** können Duplikate in einem Set ausgeschlossen werden. Das Schlüsselwort muss vor das Set geschrieben werden:

```
SELECT
    {

    } ON 0,
    DISTINCT {
            [Product].[Category].&[4],
            [Product].[Category].&[1],
            [Product].[Category].&[4]
    } ON 1
FROM
    [Adventure Works]
```

Das Ergebnis zu dem Beispiel:

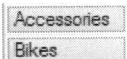

Eigentlich haben wir die Accessories zweimal in das Set gezogen. Durch das Schlüsselwort DISTINCT fällt einmal Accessories raus.

Aufgaben

1) Zeigen Sie in einer Liste alle Customer Countries an und dazu den Sales Amount und den Internet Sales Amount. Berechnen Sie weiterhin die Summe dieser beiden Kennzahlen in einer separaten Spalte. Es wird weiterhin eine Spalte für den Anteil des Internet Sales Amount am Gesamt Amount (Sales + Internet) benötigt.

2) Stellen Sie in einer Liste die Customer Countries in den Zeilen dar. In den Spalten soll der Sales Amount für 2012, 2013 und 2014 angezeigt werden. Berechnen Sie weiterhin die Gesamtsumme dieser drei Jahre und ergänzen Sie eine Zeile, in der Sie die Summe für Germany und Australien berechnen.

3) Erstellen Sie eine Auswertung, in der Sie alle Kalenderjahre anzeigen. Weiterhin soll die Summe aller Kalenderjahre angezeigt werden und der Anteil des Jahres 2013 an der Gesamtsumme. Das Ganze soll für die Measures Sales Amount und Internet Sales Amount gemacht werden. Darüber hinaus soll in einer weiteren Spalte die Summe aus Sales Amount und Internet Sales Amount gebildet werden.

4) Zeigen Sie alle Mitarbeiter an, deren Name auf „man" endet.

5) Nehmen Sie die Lösung aus Aufgabe 1) und ergänzen Sie die Summe Aller Länder. Außerdem soll noch eine Zeile mit dem prozentualen Anteil Deutschlands am der Summe aller Länder eingefügt werden.

6) Stellen Sie den Internet Sales Amount in 2013 für die Länder Germany, Australia und Canada in den Spalten dar. Berechnen Sie zusätzlich den gesamten Internet Sales Amount für diese Länder und stellen Sie ihn in einer weiteren Spalte dar. In den Zeilen sollen die Subcategories angezeigt werden, für die der Gesamt Internet Sales Amount > 100.000 ist.

4 Set Funktionen

Ergänzungen zu Order(), TopCount(), BottomCount()

Bei der Funktion Order() kann die Richtung der Sortierung durch ASC und DESC angegeben werden. Dadurch wird die dimensionale Struktur beim Sortieren mit berücksichtigt. Alternativ kann man auch sagen, dass ein sog. Dimension Break stattfinden soll. Das macht man, indem man mit **BASC** und **BDESC** arbeitet. Dieser Dimension Break ist relevant, wenn man Member aus mehreren Hierarchien per Kreuzprodukt verknüpft hat und danach sortiert. Wenn man mit ASC/DESC arbeitet, würde innerhalb jedes Attributs neu sortiert werden. Dazu am besten folgendes Beispiel:

```
SELECT
        { [Measures].[Reseller Sales Amount]
        } ON 0,
        NON EMPTY{
            Order ([Geography].[Country].[Country]*
                [Date].[Calendar Quarter of Year].[Calendar Quarter of Year],
                [Measures].[Reseller Sales Amount],
                BDESC)
        } ON 1
FROM
        [Adventure Works]
WHERE [Date].[Calendar Year].&[2012]
```

Das Ergebnis einmal mit ASC/DESC und einmal mit BASC/BDESC:

Mit ASC/DESC			Mit BASC/BDESC		
		Reseller Sales Amount			Reseller Sales Amount
Australia	CY Q4	$49,824.71	United States	CY Q1	$5,733,181.67
Canada	CY Q1	$1,618,800.38	United States	CY Q4	$5,166,302.27
Canada	CY Q4	$1,412,222.66	United States	CY Q2	$4,641,162.51
Canada	CY Q2	$1,260,125.95	United States	CY Q3	$4,080,740.37
Canada	CY Q3	$1,186,951.20	Canada	CY Q1	$1,618,800.38
France	CY Q1	$482,292.67	Canada	CY Q4	$1,412,222.66
France	CY Q4	$330,655.04	Canada	CY Q2	$1,260,125.95
France	CY Q2	$311,850.43	Canada	CY Q3	$1,186,951.20
France	CY Q3	$261,191.35	France	CY Q1	$482,292.67
Germany	CY Q4	$180,040.57	United Kingdom	CY Q1	$454,429.41

Man sieht den Unterschied deutlich. Bei Verwendung von ASC/DESC wird erst alphabethisch nach Land sortiert, weil das die Standardsortierung der Hierarchie ist. Danach wird dann innerhalb jedes Landes nach Reseller Sales Amount absteigend sortiert. Bei BASC/BDESC gibt es diese Unterbrechung nicht und es wird die gesamte Liste absteigend sortiert.

Übung 1: Erstellen Sie eine Liste mit dem Internet Sales Amount in den Spalten. In den Zeilen sollen Categories und Calender Years angezeigt werden. Sortieren Sie absteigend nach dem Internet Sales Amount. Blenden Sie alle komplett leeren Zeilen aus.

Die Funktionen TopCount/-Sum/-Percent und BottomCount/-Sum/-Percent arbeiten standardmäßig ohne Dimension Breaks. Wenn man das anders benötigt, kann man eine Kombination aus Order() mit ASC/DESC und den Funktionen Head()/Tail() verwenden. Mehr dazu im nächsten Abschnitt.

Funktionen Head()/Tail()/SubSet()

Mit Hilfe der Funktionen Head() und Tail() kann auf die ersten bzw. letzten Elemente eines Sets zugegriffen werden. Die Syntax sieht folgendermaßen aus und ist für beide Funktionen gleich:

> Head (<Set>, [<n>])
>
> Tail (<Set>, [<n>])

Die Funktion SubSet() erwartet ein Element mehr, nämlich eine Start Position:

> SubSet (<Set>, <Start>, [<n>])

Hier ein Beispiel zur Verwendung der Funktion Head():

```
SELECT
    {
        [Measures].[Internet Sales Amount]
    } ON 0,
    {
        Head([Product].[Product].[Product], 5)
    } ON 1
FROM
    [Adventure Works]
```

Das Ergebnis dieser Abfrage sieht so aus:

	Internet Sales Amount
AWC Logo Cap	(NULL)
AWC Logo Cap	$19,688.10
BB Ball Bearing	(NULL)
Bearing Ball	(NULL)
Bike Wash - Dissolver	$7,218.60

Mit Hilfe der Head()/Tail() Funktionen in Kombination mit der Order Funktion können eigene Top-/Bottom-Count Funktionen erstellt werden. Damit kann dann auch das oben beschriebene Problem der „normalen" Top-/Bottom-Count Funktionen gelöst werden.

Übung 2: Erstellen Sie eine Liste mit dem Sales Amount pro Produkt. Sortieren Sie die Liste absteigend und zeigen Sie dann die Produkte 4 bis 8 an.

Sets kombinieren mit Union, Intersect & Except

Mit Hilfe der drei Funktionen Union(), Intersect() und Except() können neue Sets erstellt werden, in dem zwei oder mehrere Sets miteinander kombiniert werden. Dabei sind diese drei Funktionen an verschiedene Mengenoperationen angelehnt:

- Vereinigungsmenge → Union()
- Schnittmenge → Intersect()
- Differenzmente → Except()

Die Syntax ist exemplarisch am Union dargestellt. Sie gilt aber genauso für Intersect und Except:

Union(<Set 1>, <Set 2>, ... , <Set n>, [ALL])

Der Funktion werden einfach die zu kombinierenden Sets übergeben. Durch das Schlüsselwort ALL wird angegeben, dass Duplikate erlaubt sind. Wenn man es weglässt, werden Duplikate ausgeschlossen. Hier nun ein einfaches Beispiel für Union:

```
SELECT
        {
                [Measures].[Sales Amount]
        } ON 0,
        {
          Union([Date].[Calendar Year].&[2013]*
                TopCount([Product].[Product].[Product], 5,
                ([Measures].[Internet Sales Amount],[Date].[Calendar Year].&[2013])),
                [Date].[Calendar Year].&[2012]*
                TopCount([Product].[Product].[Product], 5,
                ([Measures].[Internet Sales Amount],[Date].[Calendar Year].&[2012]))
                )
        } ON 1
FROM
        [Adventure Works]
```

Und das Ergebnis dazu:

		Sales Amount
CY 2013	Mountain-200 Black, 42	$2,172,308.79
CY 2013	Mountain-200 Silver, 38	$2,066,888.37
CY 2013	Mountain-200 Black, 38	$2,497,105.18
CY 2013	Mountain-200 Black, 46	$1,891,432.53
CY 2013	Mountain-200 Silver, 46	$1,828,296.89
CY 2012	Mountain-200 Black, 46	$1,262,804.29
CY 2012	Road-250 Red, 48	$1,245,259.19
CY 2012	Mountain-200 Black, 42	$1,643,970.77
CY 2012	Road-250 Black, 52	$983,448.38
CY 2012	Mountain-200 Silver, 46	$1,443,494.47

In diesem Beispiel wurden zwei Mengen bestehend aus den jeweiligen Top 5 Produkten der Jahre 2012 und 2013 miteinander kombiniert, indem die Vereinigungsmenge gebildet wurde. Wichtig ist, dass die Elemente/Tupel die gleiche Dimensionalität haben, d.h. die Elemente müssen aus den gleichen

Hierarchien stammen und die Anzahl und Reihenfolge muss auch übereinstimmen. Das gilt für alle drei Funktionen. Anstatt der Union Funktion kann man auch mit dem **Operator +** arbeiten.

Hier ein Beispiel für Intersect:

```
SELECT
        {
                [Measures].[Reseller Sales Amount]
        } ON 0,
        {
            Intersect( TopCount([Geography].[City].[City], 5, ([Measures].[Reseller Sales Amount],
                        [Date].[Calendar Year].&[2013])),
                    TopCount([Geography].[City].[City], 5, ([Measures].[Reseller Sales Amount],
                        [Date].[Calendar Year].&[2012]))
                )
        } ON 1
FROM
        [Adventure Works]
```

Das Ergebnis sieht folgendermaßen aus:

	Reseller Sales Amount
Toronto	$4,460,477.69
London	$1,935,729.92
Paris	$1,452,049.41

Bei Intersect wird die Schnittmenge gebildet, d.h. in der Ergebnismenge sind die Elemente vorhanden, die in beiden Mengen vorkommen, in diesem Fall die Städte, die sowohl in 2012 als auch 2013 zu den Top 5 gehörten.

Bei Except werden nur die Elemente angezeigt, die in der einen Menge vorkommen, jedoch nicht in der anderen:

```
SELECT
        {
                [Measures].[Reseller Sales Amount]
        } ON 0,
        {
            Except( TopCount([Geography].[City].[City], 5, ([Measures].[Reseller Sales Amount],
                        [Date].[Calendar Year].&[2013])),
                    TopCount([Geography].[City].[City], 5, ([Measures].[Reseller Sales Amount],
                        [Date].[Calendar Year].&[2012]))
                )
        } ON 1
FROM
        [Adventure Works]
```

Und das Ergebnis:

	Reseller Sales Amount
Montreal	$1,129,784.47
Burnaby	$1,304,163.69

Im Ergebnis sind es dieses Mal die Städte, die 2013 zu den Top 5 gehörten, in 2012 jedoch nicht. Wenn man die beiden Mengen vertauscht, erhält man den umgekehrten Fall, d.h. die Städte die 2012 noch Top 5 waren, in 2013 aber nicht mehr.

Übung 3: Erstellen Sie eine Liste, in der Reseller Sales Amount dargestellt wird. Einmal für Germany und Accessoires und einmal für Canada und Bikes.

Übung 4: Zeigen Sie die Produkte, die anhand des Sales Amount in den Top 2 landen und gleichzeitig beim Internet Sales Amount in den Top 6. Welche Produkte sind es? Und wie hoch ist jeweils der Sales Amount und Internet Sales Amount?

Sets erstellen mit Generate() und Extract()

Jeder, der schon mal mit einer „richtigen" Programmiersprache wie z.B. Java oder C# gearbeitet hat, kennt das Kontrukt der FOR EACH Schleife. Für jedes Element in einer Liste werden bestimmte Aktionen ausgeführt. Die Generate() Funktion arbeitet ähnlich. Die Syntax ist wie folgt:

    Generate (<Set>, <Set Erstell Ausdruck>, [ALL])

Die Elemente in <Set> werden iteriert und für jedes wird <Set Erstell Ausdruck> ausgeführt. Die zurückgelieferten Einzelsets werden per Union kombiniert. ALL definiert, dass Duplikate im Gesamtergebnis enthalten sein sollen.

Dazu jetzt ein kleines Beispiel. Wir wollen für Category die Top-5 Produkte anhand des Reseller Sales Amount anzeigen lassen:

```
SELECT
   { [Measures].[Reseller Sales Amount]
   } ON 0,
   {
     [Product].[Category].[Category]*
     Generate( [Product].[Category].[Category],
            TopCount( Existing {[Product].[Product].[Product]},
                   5, [Measures].[Reseller Sales Amount]),
            ALL)
      } ON 1
FROM
      [Adventure Works]
```

Das Ergebnis sie folgendermaßen aus:

		Reseller Sales Amount
Accessories	Hitch Rack - 4-Bike	$197,736.16
Accessories	Hydration Pack - 70 oz.	$65,518.75
Accessories	Sport-100 Helmet, Black	$43,950.46
Accessories	Sport-100 Helmet, Blue	$43,926.02
Accessories	Sport-100 Helmet, Red	$39,328.16
Bikes	Mountain-200 Black, 38	$1,634,647.94
Bikes	Mountain-200 Black, 38	$1,471,078.72
Bikes	Road-350-W Yellow, 48	$1,380,253.88

Es wird die Generate Funktion verwendet. Der erste Parameter ist ein Set der Categories. Dieses wird durchlaufen und für jede Category wird jetzt der TopCount Ausdurck ausgeführt. Es sollen die 5 besten Produkte anhan des Reseller Sales Amount zurückgeliefert werden. Wichtig ist in diesem Zusammenhang noch das Schlüsselwort **EXISTING**. Wenn man dieses weglassen würde, würde TopCount in einem falschen Kontext ausgeführt werden.

Übung 5: Erstellen Sie eine Liste der Quartale in 2013 und zeigen Sie pro Quartal den Top 1 Monat anhand des Sales Amounts an.

Mit Hilfe der **Extract()** Funktion kann man aus einem Set ein neues Set generieren, in dem nur noch Tupel mit angegebener Dimensionalität vorhanden sind. Das kann man nutzen, um auf detaillierter Ebene sich sein Set aufzubauen und zu filtern, um sich dann nur noch die Bestandteile rauszuziehen, die man tatsächlich für die Anzeige benötigt. Dazu folgendes Beispiel:

```
SELECT
    {
            [Measures].[Reseller Sales Amount]
    } ON 0,
    {
            extract( filter( [Product].[Product].[Product]*[Date].[Calendar].[Month],
                    [Measures].[Reseller Sales Amount]>160000),
                [Product].[Product])
    } ON 1
FROM
    [Adventure Works]
```

Das Ergebnis sieht folgendermaßen aus:

	Reseller Sales Amount
Mountain-100 Black, 38	$1,174,622.74
Mountain-100 Black, 42	$1,102,848.18
Mountain-100 Black, 44	$1,163,352.98
Mountain-100 Black, 48	$1,041,901.60
Mountain-100 Silver, 38	$1,094,669.28
Mountain-100 Silver, 42	$1,043,695.27
Mountain-100 Silver, 44	$1,050,610.85
Mountain-100 Silver, 48	$897,257.36
Mountain-200 Black, 38	$1,471,078.72
Mountain-200 Black, 38	$1,634,647.94

In diesem Beispiel erstellen wir zunächst das Kreuzprodukt aus Produkten und Monaten. Auf dieser Granularität filtern wir jetzt die Tupel raus, die einen Reseller Sales Amount > 160.000 haben. Aus diesem Ergebnissetz ziehen wir uns letztendlich nur noch die verschiedenen Produkte raus, da die Monate nicht mehr interessieren. Für diese Produkte wird dann der Reseller Sales Amount über das gesamte Leben dargestellt.

Aufgaben

1) Erstellen Sie eine Liste, in der Sie pro Quartal die Monate nach Internet Sales Amount absteigend sortiert anzeigen. Die Auswertung soll für die Jahre 2012 und 2013 gemacht werden.

2) Erstellen Sie eine Liste, in der Sie für jedes Quartal in 2013 die beiden Top-Produkte anhand des Sales Amount anzeigen.

3) Zeigen Sie in einer Liste die Top-3 Monate anhand Reseller Sales Amount jeweils für das Jahr 2012 und 2013.

4) Welcher Monat war anhand Order Count sowohl in 2011 als auch in 2012 der erfolgreichste?

5) Stellen Sie in einer Liste Produkte mit Ihrem Sales Amount absteigend sortiert dar. Es sollen nur die Produkte 3-6 angezeigt werden.

5 Aggregatsfunktionen

Grundlagen der Aggregation

Normalerweise werden die Kennzahlen im Cube automatisch aggregiert, d.h. auf den Detaillierungslevel der Abfrage zusammengefasst. Dafür ist in dem Cube für jede Kennzahl eine Standard-Aggregation hinterlegt. In der Regel ist das die Summe. Insgesamt stehen folgende Aggregatsfunktionen in MDX zur Verfügung:

Funktionssyntax	Beschreibung
SUM (<Set>, [<num. Ausdruck>])	Berechnet die Summe über <num. Ausdruck> für das angegebene Set. Wenn <num. Ausdruck> nicht angegeben wird, wird der DefaultMeasure genommen.
AVG (<Set>, [<num. Ausdruck>])	Berechnung des Durchschnitts. Sonst alles wie bei SUM(...)
MIN (<Set>, [<num. Ausdruck>])	Berechnung des Minimums. Sonst alles wie bei SUM(...)
MAX (<Set>, [<num. Ausdruck>])	Berechnung des Maximums. Sonst alles wie bei SUM(...)
STDEV (<Set>, [<num. Ausdruck>])	Berechnung der Standardabweichung. Sonst alles wie bei SUM(...)
Count (<Set>)	Berechnung der Anzahl Elemente im Set.
CountDistinct (<Set>)	Berechnung der Anzahl Elemente im Set. Duplikate werden nicht doppelt gezählt.

Man kann diese Aggregatsfunktionen aber auch für eigene Berechnungen in calculated Membern verwenden. Damit ist es möglich, Summen die außerhalb der standardmäßigen Aggregation laufen, zu definieren.

Das möchte ich an einem ersten einfachen Beispiel demonstrieren. Ich zeige die Top 5 Produkte anhand des Sales Amount an. Darunter möchte ich einmal die Summe für alle Produkte anzeigen und eine Summe für die Top 5 Produkte zusammen. Für die Summe aller Produkte kann man den Member All Products nehmen. Die Summe der Top 5 Produkte müssen wir uns selbst berechnen.

```
WITH
    MEMBER [Product].[Product].[Top 5 Produkte] AS
        SUM( TopCount([Product].[Product].[Product], 5, [Measures].[Sales Amount]),
            [Measures].currentMember
        )
SELECT
    {
```

```
        [Measures].[Sales Amount],
        [Measures].[Internet Sales Amount]
    } ON 0,
    {
        TopCount([Product].[Product].[Product], 5, [Measures].[Sales Amount]) +
        [Product].[Product].[Top 5 Produkte] +
        [Product].[Product].[All Products]
    } ON 1
FROM
    [Adventure Works]
```

Das Ergebnis sieht folgendermaßen aus:

	Sales Amount	Internet Sales Amount
Mountain-200 Black, 38	$2,589,363.78	$954,715.84
Mountain-200 Black, 42	$2,265,485.38	$979,960.73
Mountain-200 Silver, 38	$2,160,981.60	$979,035.78
Mountain-200 Black, 46	$1,957,528.24	$961,600.81
Mountain-200 Silver, 42	$1,914,547.85	$909,436.08
Top 5 Produkte	$10,887,906.85	$4,784,749.24
All Products	$109,809,274.20	$29,358,677.22

Man sieht, dass die Summe auf das Ergebnisset der TopCount Funktion angewendet wird. Durch die Angabe von [Measures].currentMember ist dieser calc. Member dynamisch, d.h. je nachdem welche Kennzahl in der Spalte steht, wird TopCount mit der entsprechenden Funktion ausgeführt. Die 3 Memeber-Sets wurden mit Hilfe des Operators + vereint. Man hätte auch die Funktion Union () verwenden können.

Übung 1: Erstellen Sie eine Auswertung des Sales Amount für die Länder Germany, Canada und Australia. Stellen Sie in einer separaten Zeile den gesamten Sales Amount für alle drei Länder da.

Übung 2: Erstellen Sie eine Liste aller Product Categories mit Ihrem Sales Amount. Berechnen Sie den gesamten Sales Amount über alle Kategorien, um dann daraus den Anteil jeder einzelnen Product Category am gesamten Sales Amount zu berechnen.

Die Berechnung von Average, Minimum, Maximum und der Standartabweichung erfolgen genauso wie die Berechnung der Summe.

Elemente in einem Set zählen

Wir wissen bereits, wie man Sets erstellen bzw. generieren kann. Manchmal möchte man als Ergebnis dann die Elemente in einem Set zählen. Dafür existiert die Funktion **Count** mit folgender Syntax:

    Count([DISTINCT] <Set>, [EXCLUDEEMPTY])

Es werden einfach die Elemente in <Set> gezählt. Man kann noch das Schlüsselwort EXCLUDEEMPTY angeben. Dadurch werden leere Elemente nicht mitgezählt. Wenn man es weglässt oder

NCLUDEEMPTY schreibt, werden leere Elemente mitgezählt. Außerdem ist es möglich das Schlüsselwort DISTINCT mit anzugeben. Dadurch werden doppelte Elemente nur einmal gezählt.

Zur Funktion Count ein ganz einfaches Beispiel:

```
WITH
    MEMBER [Measures].[Count Test] AS
        Count({[Product].[Product].&[559], [Product].[Product].&[11], [Product].[Product].&[11]})
    MEMBER [Measures].[Count Distinct Test] AS
        Count( DISTINCT {[Product].[Product].&[559], [Product].[Product].&[11],
                        [Product].[Product].&[11]})
SELECT
    {
        [Measures].[Count Test],
        [Measures].[Count Distinct Test]
    } ON 0
FROM
    [Adventure Works]
```

Das Ergebnis sieht dann so aus:

Count Test	Count Distinct Test
3	2

Es wurde ein Set aus drei Produkten definiert, wobei eins davon doppelt war. Ohne DISTINCT werden alle drei Elemente gezählt, mit DISTINCT wird das doppelte Produkt nur einmal gezählt.

Übung 3: Zeigen Sie eine Liste der Categories an und zählen Sie, wie viele Produkte jeweils enthalten sind.

Aufgaben

1. Stellen Sie in einer Liste alle Categories dar. Zeigen Sie zu jeder Category den Sales Amount und Min+Max der da drunter liegenden Sub Categories an.

2. Erstellen Sie eine Liste der Quartale in 2011. Zeigen Sie in einer Spalte den Sales Amount der Quartale an. Zeigen Sie daneben den gesamten Sales Amount über alle Quartale an und berechnen Sie den Anteil jedes Quartals am Gesamt Sales Amount.

3. Erstellen Sie eine Liste der Monate in 2012 mit Ihrem Sales Amount. Berechnen Sie weiterhin den durchschnittlichen Sales Amount der Monate und stellen Sie Ihn dar. Zeigen Sie in einer weiteren Spalte an, ob der Monats Sales Amount über dem Durchschnitt liegt oder nicht.

4. Zeigen Sie in einer Liste nur die Monate aus 2013 an, die gemäß Sales Amount über Ihrem durchschnittlichen Sales Amount liegen. Berechnen Sie außerdem den Anteil jedes einzelnen Monats an der Gesamt-Summer dieser Monate.

5. Erstellen Sie eine Liste der Top-2 Produkte für jede Category anhand des Reseller Sales Amount für 2013. Berechnen Sie außerdem noch den Anteil am Gesamt Sales Amount für 2013.

6 Navigations- und Zeit- Funktionen

Zur Navigation stehen in MDX diverse Funktionen zur Verfügung. Mit diesen ist es möglich auf andere Elemente in den Hierarchien vom aktuellen Element aus zuzugreifen. Darüber ist es dann möglich z.B. auf den Vormonat des akt. Monats zuzugreifen und die Abweichung zu berechnen. Im Folgenden eine Grafik mit den relevanten Begrifflichkeiten in diesem Umfeld:

Vertikale Navigation (direkte Vor- und Nachfahren)

Unter vertikaler Navigation versteht man den Zugriff auf Eltern oder Kinder Elemente.

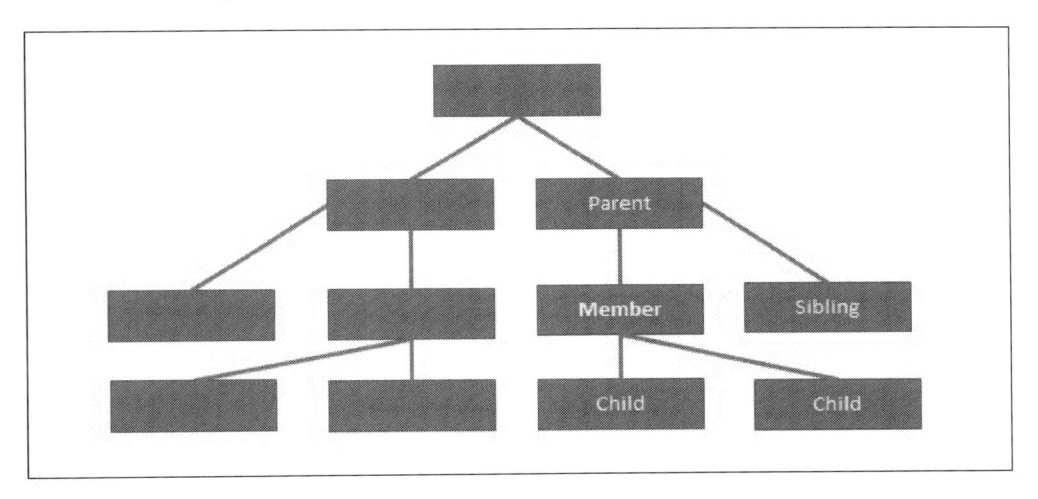

Dazu stehen folgende Funktionen auf jedem Member zur Verfügung:

- Member.Parent()
- Member.Children()
- Member.Siblings()
- Member.FirstChild()
- Member.LastChild()
- Member.FirstSibling()
- Member.LastSibling()

Da diese Funktionen selbst auch wieder Member zurückliefern, stehen auf den zurückgelieferten Membern ebenfalls diese Funktionen zur Verfügung. Hier ein kleines Beispiel, wie man mit den Funktionen arbeitet:

```
WITH
    MEMBER [Parent Member] AS
        [Product].[Product Categories].currentMember.parent.Name
    MEMBER [First Child Member] AS
        [Product].[Product Categories].currentMember.FirstChild.Name

SELECT
```

```
                {       [Parent Member],
                        [First Child Member]
                } ON 0,
                {
                        [Product].[Product Categories].[Subcategory]
                } ON 1
        FROM
                [Adventure Works]
```

Das Ergebnis dazu sieht so aus:

	Parent Member	First Child Member
Bike Racks	Accessories	Hitch Rack - 4-Bike
Bike Stands	Accessories	All-Purpose Bike Stand
Bottles and Cages	Accessories	Mountain Bottle Cage
Cleaners	Accessories	Bike Wash - Dissolver
Fenders	Accessories	Fender Set - Mountain
Helmets	Accessories	Sport-100 Helmet, Black

Mit Hilfe der Funktion currentMember einer Hierarchie kann man das aktuelle Element ermitteln. Auf diesem Element kann man dann die oben angegebenen Navigationsfunktionen verwenden. In diesem Beispiel wird das Eltern-Element zu den Sub Categories angezeigt.

Hier noch einmal ein etwas komplexeres Beispiel mit verschiedenen Berechnungen:

```
WITH
        MEMBER [Measures].[Country Name] AS
                [Geography].[Geography].currentMember.parent.parent.Name
        MEMBER [Measures].[State Name] AS
                [Geography].[Geography].currentMember.parent.Name
        MEMBER [Measures].[Amount State] AS
                SUM([Geography].[Geography].currentMember.parent,
                        [Measures].[Reseller Sales Amount])
        MEMBER [Measures].[Anteil State] AS
                [Measures].[Reseller Sales Amount]/[Measures].[Amount State],
                FORMAT_STRING="PERCENT"
SELECT
        {       [Measures].[Reseller Sales Amount],
                [Measures].[State Name],
                [Measures].[Amount State],
                [Measures].[Anteil State],
                [Measures].[Country Name]
        } ON 0,
        {
                [Geography].[Geography].[City]
        } ON 1
FROM
        [Adventure Works]
WHERE [Geography].[Country].&[Germany]
```

Das Ergebnis sieht so aus:

	Reseller Sales Amount	State Name	Amount State	Anteil State	Country Name
Augsburg	$3,192.37	Bayern	$202,204.87	1.58%	Germany
Erlangen	(NULL)	Bayern	$202,204.87	(NULL)	Germany
Frankfurt	$12,795.43	Bayern	$202,204.87	6.33%	Germany
Grevenbroich	$186,217.07	Bayern	$202,204.87	92.09%	Germany
Hof	(NULL)	Bayern	$202,204.87	(NULL)	Germany
Ingolstadt	(NULL)	Bayern	$202,204.87	(NULL)	Germany

In diesem Beispiel wurde auch für jede einzelne Stadt über parent der zugehörige Bundesstaat ermittelt. Ebenfalls wurde der Sales Amount pro Bundesstaat mit Hilfe der Summe über den Parent Member einer Stadt berechnet. Das wiederum wurde in der Berechnung Anteil State verwendet.

Übung 1: Berechnen Sie zu jeder Sub Category den Anteil an der zugehörigen Category auf Basis des Sales Amounts.

Übung 2: Erstellen Sie eine Liste der Categories jeweils mit dem ersten und letzten Produkt.

Vertikale Navigation (weiter entfernte Vor- und Nachfahren)

Neben den direkten Vor- und Nachfahren, gibt es auch noch weiter entfernte:

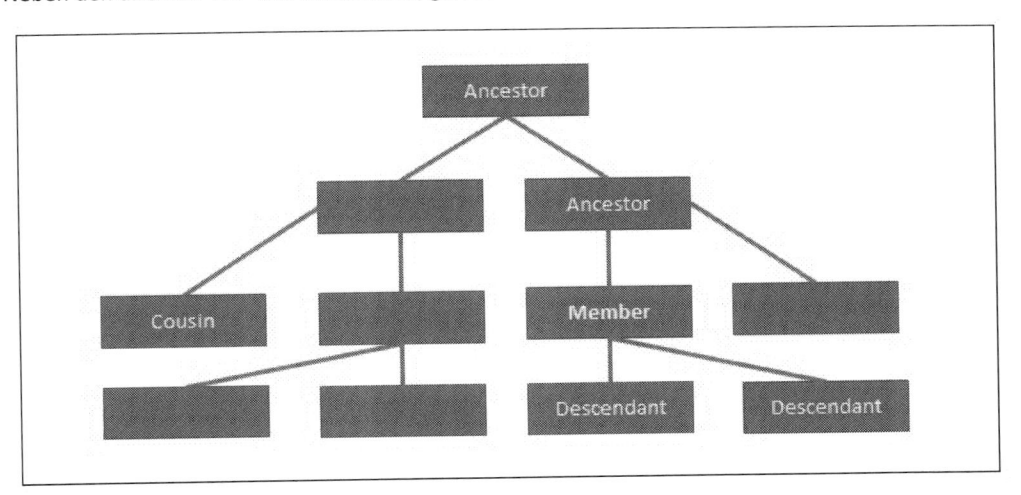

Um auf diese zugreifen zu können, stehen folgende Funktionen zur Verfügung:

Funktionssyntax	Beschreibung
Ancestor (<member>, <level> | <entfernung>)	Gibt den Vorfahren (als Member) von <member> aus <level> bzw. aus dem Level in <entfernung>.

Ancestors (<member>, <level> | <entfernung>)	Gibt den Vorfahren (als Set) von <member> aus <level> bzw. aus dem Level in <entfernung>.
Ascendants (<member>)	Liefert alle Vorfahren zu <member> zurück.
Cousin (<member 1> , <member 2>)	Liefert den Cousin von <member 1>, der unter <member 2> hängt, zurück.

Descendants (<member> | <set>,
  [<level> | <entfernung>],
  [<flag>])
	Liefert die Nachfahren von <member> oder <set> zurück. Begonnen wird bei <level> oder <entfernung>. Über <flag> können verschiedene Optionen gewählt werden:
	• SELF → nur der Level selbst
	• BEFORE → alle bis zum Level
	• AFTER → alle ab Level
	• SELF_AND_BEFORE/_AFTER
	• SEFT_BEFORE_AFTER

Im Folgenden möchte ich kurz an zwei Beispielen die Funktionen Ancestor() und Ascendants darstellen.

Ancestor()	Ascendants()

SELECT
  { [Measures].[Reseller Sales Amount]
  } *ON 0,*
  {
   Ancestor(
    [Date].[Calendar].[Month].&[2013]&[3], 2)
  } *ON 1*
FROM
  [Adventure Works]
	SELECT
	  { [Measures].[Reseller Sales Amount]
	  } *ON 0,*
	  {
	   Ascendants(
	    [Date].[Calendar].[Month].&[2013]&[3])
	  } *ON 1*
	FROM
	  [Adventure Works]

	Reseller Sales Amount
H1 CY 2013	$19,199,318.88

	Reseller Sales Amount
March 2013	$2,282,115.88
Q1 CY 2013	$10,542,661.42
H1 CY 2013	$19,199,318.88
CY 2013	$33,574,834.16
All Periods	$80,450,596.98

Der Zugriff mittels dieser beiden Funktionen auf Vorgänge ist ziemlich einfach.

Übung 3: Stellen Sie zum Monat 03/2012 alle Elemente auf den höheren Ebene dar und berechnen Sie jeweils den Sales Amount. Berechnen Sie dann für jedes Element den Anteil an der nächsten und übernächsten höheren Ebene in zusätzlichen Spalten.

Desweiteren gibt es noch die Funktion Descendants(). Diese ist ziemlich mächtig und wird dementsprechend auch sehr häufig in der Praxis eingesetzt. Dazu ein einfaches Beispiel:

```
SELECT
    {       [Measures].[Reseller Sales Amount]
    } ON 0,
    {
            Descendants([Geography].[Geography].[Country].&[Germany], 2, SELF)
    } ON 1
FROM
    [Adventure Works]
```

In Abhängigkeit vom Parameter Flag sehen die Ergebnisse wie folgt aus:

SELF		BEFORE	
	Reseller Sales Amount		Reseller Sales Amount
Augsburg	$3.192.37	Germany	$1,983,988.04
Erlangen	(NULL)	Bayern	$202,204.87
Frankfurt	$12,795.43	Brandenburg	$116,697.24
Grevenbroich	$186,217.07	Hamburg	$271,495.32
Hof	(NULL)	Hessen	$361,952.29
Ingolstadt	(NULL)	Nordrhein-Westfalen	$223,919.84
Berlin	$144.00	Saarland	$807,718.47
Eilenburg	$116,553.24		
Ascheim	(NULL)		

AFTER		SELF_AND_BEFORE	
	Reseller Sales Amount		Reseller Sales Amount
86150	$3,192.37	Germany	$1,983,988.04
91054	(NULL)	Bayern	$202,204.87
91480	$12,795.43	Augsburg	$3,192.37
41485	$186,217.07	Erlangen	(NULL)
95010	(NULL)	Frankfurt	$12,795.43
85049	(NULL)	Grevenbroich	$186,217.07
14197	$144.00	Hof	(NULL)
04838	$116,553.24	Ingolstadt	(NULL)
86171	(NULL)	Brandenburg	$116,697.24
86171	$5.404.20	Berlin	$144.00

Bei **SELF** sieht man, dass nur zwei Level unterhalb des Landes zurück geliefert werden. Das sind also die Städte. Bei **BEFORE** wird nur die Ebene zwischen Land und Stadt zurück geliefert, das ist das Bundesland. Bei **AFTER** werden die Ebenen nach der Stadt zurück geliefert. Das sind die Postleitzahlen. Bei **SELF_AND_BEFORE** ist eine Kombination aus SELF und BEFORE. Somit werden Städte und Bundesländer zurück geliefert.

Übung 4: Zeigen Sie zu den Halbjahren H1/2012, H1/2013 und H1/2014 die Quartale und Monate mit Ihrem Sales Amount an.

Horizontale Navigation

Bisher haben wir schon verschiedene Funktionen kennen gelernt, um auf Member in den Ebenen ober- oder unterhalb der aktuellen zuzugreifen. Jetzt fehlen noch Funktionen, um auf benachbarte Member im gleichen Level zuzugreifen.

Da gibt es folgende Member-Funktionen:

- Member.PrevMember
- Member.NextMember
- Member.Lead (<n>)
- Member.Lag (<n>)

Mit den ersten beiden Funktionen kann man auf den Vorgänger oder Nachfolger des Member zugreifen. Mit Lead und Lag kann man auf den Member <n> Positionen vor oder hinter dem aktellen Member zugreifen. Dazu ein kleines Beispiel:

```
WITH
    MEMBER [Measures].[Next Cat Amount] AS
        ([Product].[Category].currentMember.nextMember, [Measures].[Reseller Sales Amount]),
        FORMAT_STRING="CURRENCY"
    MEMBER [Measures].[Next 2 Cat Amount] AS
        ([Product].[Category].currentMember.Lead(2), [Measures].[Reseller Sales Amount]),
        FORMAT_STRING="CURRENCY"
SELECT
        {       [Measures].[Reseller Sales Amount],
                [Measures].[Next Cat Amount],
                [Measures].[Next 2 Cat Amount]
        } ON 0,
        {
                [Product].[Category].[Category]
        } ON 1
FROM
        [Adventure Works]
```

Das Ergebnis sieht so aus:

	Reseller Sales Amount	Next Cat Amount	Next 2 Cat Amount
Accessories	$571,297.93	$66,302,381.56	$1,777,840.84
Bikes	$66,302,381.56	$1,777,840.84	$11,799,076.66
Clothing	$1,777,840.84	$11,799,076.66	(NULL)
Components	$11,799,076.66	(NULL)	(NULL)

In diesem Beispiel haben wir mit Hilfe der Funktion currentMember() den aktuellen Member bestimmt. Davon ausgehend dann mit den Funktionen nextMember() und Lead(2) das nächste bzw. übernächste Element. Genauso funktionieren die Funktionen prevMember() und Lag().

Übung 5: Erstellen Sie eine Liste in der Sie alle Jahre mit Ihrem Sales Amount anzeigen. Berechnen Sie in weiteren Spalten den Vorjahres Sales Amount und die Abweichung zwischen aktuellem und Vorjahres Sales Amount.

Zeit Funktionen

Obwohl man auch mit den bisher kennen gelernten Funktionen in der Zeit-Dimension navigieren könnte, sollte man trotzdem die speziellen Zeit-Funktionen verwenden. Die bisherigen Funktionen kennen die Besonderheit der Zeit-Dimension nicht und so kann es vorkommen, gerade wenn für bestimmte zeitliche keine Perioden vorliegen, dass z.B. falsche Vergleiche gezogen werden, weil die Monate eben nicht als Monate zugeordnet werden, sondern über die Positionen auf den Ebenen.

Die Funktion **PeriodsToDate()** liefert die Member in einer Periode zurück bis zu einem bestimmten Datum. Syntax:

PeriodsToDate (<Periode>, <Datum>)

Dazu folgendes Beispiel:

```
SELECT
        {       [Measures].[Reseller Sales Amount]
        } ON 0,
        {       PeriodsToDate ([Date].[Calendar].[Calendar Year],
                        [Date].[Calendar].[Month].&[2012]&[7])
        } ON 1
FROM
        [Adventure Works]
WHERE [Date].[Calendar Year].&[2012]
```

Das Ergebnis sieht so aus:

	Reseller Sales Amount
January 2012	$3,601,190.71
February 2012	$2,885,359.20
March 2012	$1,802,154.21
April 2012	$3,053,816.33
May 2012	$2,185,213.21
June 2012	$1,317,541.83
July 2012	$2,384,846.59

Man bekommt also innerhalb der Periode 2012 die Monate von Januar bis Juli zurückgeliefert. Das Ganze kann man natürlich auch mit currentMember verknüpfen, um die kumulierten Monatsumätze zu berechnen.

Übung 6: Berechnen Sie die monatlichen kumulierten Umsätze für das Jahr 2012 für Sales Amount.

Mit Hilfe der Funktion **ParallelPeriod ()** kann man auf Vergleichsperioden zugreifen. Die Syntax ist wie folgt:

ParallelPeriod (<Level>, <Anz. Perioden>, <Datum>)

Dazu ein Beispiel:

```
WITH
    MEMBER [Measures].[VorJahresMonat] AS
        ParallelPeriod([Date].[Calendar].[Calendar Year], 1, [Date].[Calendar].currentMember).Name
SELECT
        {       [Measures].[Reseller Sales Amount],
                [Measures].[VorJahresMonat]
        } ON 0,
        {
                [Date].[Calendar].[Month]
        } ON 1
FROM
        [Adventure Works]
WHERE [Date].[Calendar Year].&[2012]
```

Übung 7: Berechnen Sie zu obigem Beispiel jetzt noch den Sales Amount des Vormonats und berechnen Sie die prozentuale Abweichung.

Neben den beiden Funktionen PeriodsToDate() und ParallelPeriod() gibt es noch diverse andere Zeit Funktionen:

Funktions-Syntax	Beschreibung
LastPeriods (<Anzahl>, <Member>)	Liefert die letzten <Anzahl> Perioden vor <Member> zurück. Member ist eine der Perioden.
OpeningPeriod (<Level>, <Member>)	Liefert die erste Periode in <Level> unterhalb von <Member> zurück.
ClosingPeriod (<Level>, <Member>)	Liefert die letzte Periode in <Level> unterhalb von <Member> zurück.

Übung 8: Erstellen Sie eine Liste der Monate für 2012. Zeigen Sie zu jedem Monat, den ersten und den letzten Tag an.

Aufgaben

1. Es wird eine Auswertung benötigt, die zu allen Produkten den Sales Amount und die zugehörige Category anzeigt. Weiterhin soll der Anteil des Produkt Sales Amounts am Category Sales Amounts berechnet werden.

2. Entwickeln Sie eine Abfrage, in der für die Jahre 2010 und 2012 für jeden Monat der Sales Amount des 13. Tages dieses Monats angezeigt wird.

3. Erstellen Sie eine Liste mit dem Internet Sales Amount pro Monat. Berechnen Sie in einer weiteren Spalte die Summe der jeweiligen 3 Vormonate.

4. Erstellen Sie eine Liste der Schaltjahre für die in der Datenbank enthaltenen Jahre.

5. Erstellen Sie eine Liste mit den Jahren und den Reseller Sales Amounts. Berechnen Sie in einer separaten Spalte die Differenz zum jeweiligen Vorjahr.

6. Zählen Sie alle Mitarbeiter aller Ebenen in der rekursiven Hierarchie Employees.

Gefällt Ihnen dieses eBook?

Dann freue ich mich über eine kurze Bewertung bei Amazon

Vielen Dank!

Über den Autor

Ich bin freiberuflicher Datenbankentwickler, Trainer und Fachbuchautor aus Kiel. Mittlerweile arbeite ich seit über 10 Jahren in diesem Bereich. Zu meinen Kunden zählen Unternehmen in unterschiedlichen Größen und Branchen. Von der Bank bis hin zum Steckdosenproduzenten, von kleineren Firmen bis hin zu Großkonzernen.

Nebenbei verfasse ich eBooks und schreibe regelmäßig in meinem BLOG zu Themen wie Datenbanken, SQL, NoSQL, MDX, Cognos, Datawarehouse, etc. Getreu meinem Motto „aus der Praxis für die Praxis" entstehenden dabei praktische Tutorials und Ratgeber, um sich im Datenbankenbereich zurecht zu finden.

Weitere Infos zu mir: Jahrgang 1981, diplomierter Wirtschaftsinformatiker, Erfahrung sowohl als Kunde, als auch als Unternehmensberater.

Haben Sie noch Fragen?

Kontaktieren Sie mich gerne per eMail: fabian@gaussling.com

Oder verbinden Sie sich mit mir auf...

- ... XING
- ... LinkedIn
- ... Google+
- ... Twitter

Mehr Datenbankwissen gibt es...

- ... in meinem Newsletter (jetzt abonnieren)
- ... auf meinem BLOG: http://bi-solutions.gaussling.com
- ... auf meiner Homepage: http://gaussling.com

Weitere eBooks und Schulungen von mir

SQL Grundlagen
SQL lernen leicht gemacht

Dieser kleine Ratgeber erklärt die Welt der Datenbanken und vor allem der Abfragesprache SQL. Diese stellt heutzutage den Standard dar in der Welt der relationalen Datenbanken, um sich die richtigen Informationen aus riesigen Datenmengen ziehen zu können. Dieses eBook gibt Ihnen alle relevanten Hilfsmittel an die Hand, damit Sie in Zukunft selbst Ihre SQL Abfragen entwickeln können.

Folgendes lernen Sie in diesem Buch:
- Datenbanktheorie und Grundlagen
- Einfache Abfragen erstellen
- Abfragen mit mehreren Tabellen (Joins, Cross Join, etc.)
- Gruppierung & Aggregation
- Unterabfragen
- Mengenoperationen
- Datenbankstrukturen erstellen (DDL)
- Daten manipulieren (DML)
- Analytische Funktionen
- Group By Erweiterungen

Das Buch arbeitet mit einer Oracle Datenbank. Es kann allerdings auch mit allen anderen gängigen Datenbanken verwendet werden. Auf Unterschiede wird im Buch hingewiesen. Im Buch sind außerdem zahlreiche Übungen & Aufgaben eingearbeitet. Die Lösungen zu diesen Aufgaben stehen auf meiner Homepage zum kostenlosen Download zur Verfügung.

Dieser Titel ist bei Amazon.de verfügbar.

Einführung Datenbankmodellierung
Design & Konzeption von Datenbanken

Sie wollten schon immer Ihr Know How im Datenbankenbereich ausbauen und z.B. eigenen Datenbanken entwerfen? Dann ist dieses Buch das Richtige für Sie. Es stellt eine Einführung in die Modellierung von Datenbanksystemen dar. Auf unterschiedliche Modellierungsarten (3. Normalform, Stern Schema, Data Vault) wird intensiv eingegangen. Dieses Buch ist ausgelegt für Anfänger im Bereich Datenbankmodellierung:

- Theoretische Grundlagen Datenbankmodellierung
- Von der Anforderung zum Modell
- Erstellung von Modellen in 3. Normalform
- Normalisierung
- Star Schema Modellierung
- u.v.m.

Das Buch beinhaltet zahlreiche praktische Übungen zur Vertiefung und praktischen Anwendung der neu erworbenen Kenntnisse. Die Musterlösungen können auf der Homepage des Autors runtergeladen werden.

Dieses Buch ist bei Amazon.de verfügbar.

SQL Basics Schulung

Die 3-tägige SQL Schulung Basics bildet die Grundlage für jede Tätigkeit im Datenbankenumfeld. SQL ist eine Sprache, um relationale Datenbanken abzufragen, d.h um sich die relevanten Daten für eine bestimmte Fragestellung zusammen suchen zu lassen. Dieses ist notwendig, da sich in Datenbanken in der Regel tausende bis hin zu Millionen Datensätze befinden.

Diese Schulung startet mit grundlegenden Datenbankbegriffen und -konzepten (DBMS, Tabelle, Relation, Normalform). Daran schließt sich die Erstellung der Trainingsdatenbank (Tabellen anlegen, DML-Operationen, ...) an. Es folgt nun die Einführung des zentralen Elements: Die SELECT Anweisung. Angefangen mit einfachen Abfragen, werden diese stetig um weitere Teile und Konzepte erweitert, bis letztendlich verschachtelte Abfragen auf mehrere Tabellen erstellt werden können.

Bei dieser SQL Schulung wird Wert gelegt auf hohen Praxisbezug und Nutzen für die tägliche Arbeit. Vor diesem Hintergrund besteht ein Großteil des Kurses aus aktiver Arbeit anhand zahlreicher Beispiele und Übungsaufgaben am Rechner. Am letzten Tag wird der gesamte Stoff in einer übergreifenden Übung wiederholt.

Preise und nähere Informationen zu Inhalten und Terminen finden Sie auf meiner Homepage.

SQL Advanced Schulung

Die SQL Advanced Analytics Schulung ist die Fortsetzung der SQL Basics Schulung und vermittelt vor allem die fortgeschrittenen Analysethemen. Sie richtet sich somit an Personen, die ihren Schwerpunkt auf der Auswertung von Daten haben und nicht so sehr auf der Entwicklung von Datenbankanwendungen.

Zunächst werden wichtige SQL Grundlagen wiederholt bzw. die Teilnehmer haben die Möglichkeit, für sie schwierige Themen im Rahmen des Kurses zu diskutieren. Daran anschließend werden zunächst analytische Funktionen vorgestellt und erläutert. Mit diesen können komplexe Auswertungen mit relativ einfachen Anweisungen erstellt werden. Ohne dieses Wissen müssten umfangreiche und stark verschachtelte SQL Abfragen (wie in älteren SQL Dialekten) erstellt werden.

Der dritte Teil behandelt weitergehende Möglichkeiten der Gruppierung. Es können mehrere verschiedene Gruppierungen in einer Abfrage verarbeitet werden (Grouping Sets). Außerdem werden Superaggregate (ROLLUP / CUBE) berechnet. Die Verwendung der SQL Model Klausel stellt den Abschluss dieses Teils dar. Mit dieser kann ein Excel-ähnliches Verhalten in der Datenbank simuliert werden (z.B. indem man auf andere "Zellen" verweist und in Kalkulationen verwendet).

Im letzten Teil werden verschiedene weitere Funktionalitäten vorgestellt. Das sind hierarchische Abfragen, Pivotierung und weitere nützliche Funktionen (z.B. REGEXP_LIKE, COALESCE, ...)

Preise und nähere Informationen zu Inhalten und Terminen finden Sie auf meiner Homepage.

MDX Schulung

Die 2-tägige MDX Schulung bildet die Grundlage zur Abfrage und Auswertung von multidimensionalen Datenquellen (Cubes). Sie stellt somit das multidimensionale Pendant zur SQL dar. Kenntnisse in SQL (z.B. meine SQL Basics Schulung) sind somit hilfreich, jedoch keine Voraussetzung, da diese Schulung bei null anfängt. Sie eignet sich für Datenanalysten und Softwareentwickler, die in ihrer Praxis oft mit multidimensionalen Datenquellen zu tun haben.

Diese Schulung startet mit grundlegenden Begrifflichkeiten und Konzepten (Cube, Dimension, Member, Tupel, Set, Measure, …). Es folgt nun die Einführung des zentralen Elements: Die SELECT Anweisung. Angefangen mit einfachen Abfragen, werden diese stetig um weitere Teile und Konzepte erweitert, bis letztendlich komplexe Abfragen mit calculated Membern und verschiedenen Mengenoperationen(Union, Intersect, Extract, …) erstellt werden können.

Preise und nähere Informationen zu Inhalten und Terminen finden Sie auf meiner Homepage.

NoSQL Schulung

Die NoSQL Schulung ist angelehnt an das Buch "Seven Databases in seven weeks". Dabei geht es darum, einen ersten Überblick über die verschiedenen NoSQL Datenbanktypen zu bekommen. Diese Schulung ist konzipiert für Anwender, die vor der Entscheidung stehen, Ihre Umgebung um eine NoSQL Datenbank zu erweitern.

Dazu werden in der NoSQL Schulung zu allererst die grundlegenden Konzepte und Begrifflichkeiten geklärt (Sharding, Replication, CAP Theorem, JSON, REST, ….) Danach stelle Ich die vier verschiedenen Typen kurz theoretisch vor und grenze sie zu den weit verbreiteten relationalen DBMS ab:

- Key-Value DB (am Bsp. REDIS oder RIAK)
- Spaltenorientierte DBs (HBase)
- Dokumenten DBs (MongoDB)
- Graphenorientierte DBs (Neo4J)

Nachdem die theoretischen Grundlagen gelegt wurden, geht es ans Praktische. Jede der vier angegebenen Datenbanken wird an praktischen Übungen vorgestellt. Dabei geht es nicht so sehr darum, jede dieser vier DBs am Ende der NoSQL Schulung perfekt zu beherrschen, sondern vielmehr darum, ein grundlegendes Gefühlt für die jeweilige Datenbank zu bekommen. Nichtsdestotrotz wird im Kurs und den Unterlagen auch auf umfangreiche weiterführende Literatur verwiesen, damit man im Nachgang das Wissen in den verschiedenen NoSQL Datenbanken ggf. noch vertiefen kann.

Preise und nähere Informationen zu Inhalten und Terminen finden Sie auf meiner Homepage.

Weitere Schulungen finden Sie auf meiner Homepage unter http://gaussling.com/schulungen

Printed in Poland
by Amazon Fulfillment
Poland Sp. z o.o., Wrocław